学級経営を「失敗してしまった先生」と「成功につながった先生」のちょっとだけ違う思考法

学級崩壊しそうだった
教師が行ったら
ささいだけどジワジワ
効いてきたこと

髙橋 朋彦
［著］

明治図書

はじめに

思えば私は失敗ばかりしてきました。

学級崩壊を経験しています。保護者から毎日のようにクレームをいただいたこともあります。自分の才能のなさに絶望し、何度もこの仕事を辞めようと思ったことがあります。


失敗の渦中にいる時は、本当に苦しいものです。

そんな私でも今では、学級経営を楽しめるようになってきました。

なぜ楽しめるようになってきたのか。私の場合は、

人より多く失敗してきたから

失敗する度に（同じ失敗はしたくない）と、改善してきました。その経験が今の私を支えてくれています。

私の失敗は、私にとって大きな財産となっています。そして、私の失

敗という財産が、私だけでなく読者のみなさんのお役に立てるのであれば、こんなにもうれしいことはありません。

今、読者の中で失敗に苦しんでいる方がいらっしゃると思います。しかし、その失敗は必ず明るい未来につながっています。私の失敗が私の財産になったように、読者のみなさんの失敗が財産になるようなきっかけにもなったらうれしいです。

そんな私の今までしてきた失敗について、お話しできる限り、全てのことをお話ししようと思います。しばし、お付き合いください。

著者　髙橋　朋彦

CONTENTS

第1章 学級づくり

CONTENTS

第2章　授業づくり

CONTENTS

第3章　日常生活

CONTENTS

第4章　生徒指導

第5章 学校行事

第6章　気持ちのもち方

第1章

学級づくり

目の前の子どもの状態に嘆いていたら失敗した

Change!

子どもを成長させようと意識したら成功につながった

子どもによって1年が大きく変わる?

「いい学級をつくりたい!」

目の前の子たちと一緒に過ごす1年間をいい1年間にしたいと誰もが思っていると思います。しかし、目の前の子たちがトラブルを多く起こす子たちなら、トラブルに悩まされる1年になるだろうし、学習が苦手な子たちが集まっているのなら、授業を充実させることは難しくなってしまいます。いい学級をつくろうと思っても、目の前の子たちの実態で

(うちのクラスでは無理)

と嘆く1年になってしまうのでしょうか。

女子トラブルの多い1年

私がまだ、本格的に学級経営について学んでいなかったある年、私は女子同士のトラブルが心配される学級を担任することになりました。

前評判通り、女子のグループがいくつかでき、グループ同士で仲が悪くなったり、グループの中で仲が悪くなったりするなど、4月から女子同士のトラブルが多く、悩まされる1年になりました。

トラブルがなくなった瞬間

なかなか解決策も見つからずに困ることが続いたそんなある日、私は菊池省三先生の「ほめ言葉のシャワー」という実践に出会います。ほめ言葉のシャワーは、一人一人のよいところを見つけ合い伝え合う活動です。1人1枚、日めくりカレンダーを書き、その日の日めくりカレンダーを書いた子が帰りの会で教壇に上がり、残りのクラスの友達全員から、ほめ言葉を「シャワー」のように浴びるという活動です。

うまくいくか不安な気持ちもありましたが、学級経営に苦しんでいる私は、藁にもすがる思いで「ほめ言葉のシャワー」に挑戦することにしました。日めくりカレンダーを作り、その日にほめられる子のいいところを紙に書かせて準備を整えました。そしてその日。ほめ言葉のシャワーが始まりました。

「算数の時間に消しゴムを拾ってくれました」
「いつも一緒に遊んでくれてうれしいです」
「あいさつが元気よくて素敵です」

拙い言葉でのほめ言葉のシャワーでしたが、活動が終わった瞬間、学級の雰囲気がなんとも温かくなったことを今でも覚えています。
不思議なことに、その日以降、女子間のトラブルが大幅に減ったのです。

できないのならできるように成長させればいい

私はこれまで、学級がうまくいかないことを子どものせいだと嘆くことしかしていませんでした。しかし、女子トラブルの多かったその年も、友達同士でよいところを見つけ合うことで、そのトラブルが減り、学級が悪くなることを防ぐことができたのです。

この時、目の前の子たちが未熟な状態であるのならば、「成長させればいい」と考えを改めることができました。

学校とは「できないことができるようになる場所」です。子どもたちの成長は偶発的なものではなく、教師が意図的に手立てを講じることで成長することができます。

私は、目の前の子たちが未熟な状態であるのならば、それは子どもの成長のチャンスであり、教師の力の発揮のしどころだと考え直すことで、以前のように学級経営で失敗することが大きく減ったように感じます。

POINT

目の前の子どもの実態を把握し、できないことをできるようにするために教育活動をすることで、子どもを成長させることができる。

ただ、毎日を過ごしていたら失敗した

Change!

「願い」を子どもと共有したら学級の進む道につながった

最初は「願い」がなかった…

「あなたはどんな先生になりたいですか？」

教員採用試験の時に聞かれる質問です。試験対策バッチリの私は、「子どもの笑顔のために一生懸命になれる先生になりたいです」と、胸を張って答えていました。しかしそれはあくまでも試験対策用に用意していた答え。教員になりたての頃の私は、子どもの笑顔を考える余裕もなく、いつしかその考え方も消えてしまいました。そして、学級経営がうまくいかず、悩む日々が続きました。

憧れの先輩と同学年を組んだ

ある年私は、尊敬する先輩と同学年を組むことになります。その先輩は、毎年素晴らしい学級をつくり上げています。学級経営に悩んでいた私が、

「学級経営ってどうしているんですか？」

と聞くと、このように答えてくれました。

「俺は難しいことはわからないけれど、子どもに人を大切にできる人になってほしいと思っているよ」

私にとって、衝撃的な答えでした。そのようなことは教員採用試験以来、考えたこともなかったからです。確かにその先輩は、子どもたちに

「人を大切にできる人になろう」

と、声をかけていました。不思議なもので、先輩がそのような声かけをすると、子どもたちは本当に人を大切にしようと動いていたのです。私の先輩が毎年素晴らしい学級をつくり上げている根幹には、「人を大切にできる人になってほしい」という願いがあるということに気がつきました。

私の願いは…

では、私の「願い」はなんでしょう？　すぐに答えを出すことはできませんでした。そこで、先輩の願いを参考にして、「人を大切にできる人になってほしい」を私の願いとしました。先輩とたくさん話す中で、「人を大切にできる人になってほしい」という願いが、ただの真似っこではなく、本当に大切なことだと腹に落ちたからです。

私自身が納得し、子どもにその願いを伝えると、子どもの動きがいつもと変わってきます。「願い」をもち、子どもに伝えることで、学級経営がこんなにも変わるのだと感激しました。しかし、しばらくしてあることに気がつきます。

（教師から一方的にアプローチしているだけだな…）

確かに学級はよい方向に進んでいます。しかし、どこか教師任せなところがありました。

そこに気づいた私は、ふとこんな質問を子どもにしました。

「みんなはどんなクラスにしたいの？」

すると、子どもは

「楽しいクラス！」「いじめのないクラス！」

と答えたのです。その子どもの意見を大切にし、

「じゃあさ、人を大切にできる楽しくていじめのないクラスを一緒につくっていこうね」

と、私の願いと子どもの願いを合わせて学級経営をすることにしました。すると子どもたちから、自分たちで学級をよくしようという意識が芽生えてきたのを感じました。

学級経営をする上で大切なのは、「教師の願い」と「子どもの願い」の両方を尊重し、教師と子どもでつくり上げていくことだと先輩と子どもから学びました。

私の今の願いは、「人も自分も大切にできる人になってほしい」です。教師の「願い」は、毎年変わっていいと思います。教師も子どもと同じように日々成長しているからです。

教員採用試験で聞かれた「あなたはどんな先生になりたいですか？」という質問に、今なら胸を張って答えられそうです。

POINT

教師の願いを明確にし、子どもの願いと共有することで、教師と子どもで一緒につくる学級経営につながる。

学級目標をつくっただけでいたら失敗した

Change!

学級目標を教育活動と関連づけたら成功につながった

かっこいい学級目標

教員人生3年目。私のクラスの学級目標は「雑草魂」。学級会で話し合い、「かっこいい！」という意見が多く集まり、決まった学級目標です。模造紙の真ん中に私が筆で大きく「雑草魂」と書き、その周りに子どもたちの手形を集めたオシャレなデザインにしました。

決まった時はよかったが…

つくった時はテンションの上がった学級目標。しかし、「雑草魂」という言葉を日常の学校生活で使う機会はなく、気づいたら学級目標はただの飾りとなっていました。私は（学級目標は決めても意味がない）と思うようになりました。

学級目標が効果的になった時

ある年、４年生の担任になりました。学級目標は、

「男女問わず仲良く笑い合えるクラス」

でした。学級目標に懐疑的な私でしたが、学校のきまりだったので決まった学級目標は教室に掲示しました。例年通り、飾りの学級目標になりつつありました。

そんなある時、授業中に男女問わず仲良くグループ活動をしている場面を見かけました。その時、

「このグループは学級目標の通り男女問わず仲良くグループ活動をしているね」

と、何気なく声をかけました。すると学級全体がススッと男女問わず仲良くグループ活動を始めたのです。この時、（学級目標と関連づけることで教育活動の成果は大きく変わるかもしれない）と仮説を立てました。

学級目標と教育活動を関連づけた

授業で成果があがったように、学級目標と教育活動の関連づけの成果を信じ、運動会の練習が本格的に始まる前、こんな声かけをして話し合いをしてみました。

「どうしたら学級目標にある通り、男女問わず仲良く笑い合える運動会にできるんだろう？」

すると、

「男女問わず応援する！」

「負けても文句を言わないでなぐさめる！」

「ふざけた笑顔ではなく本気の笑顔になれるように練習する」

などの意見が集まりました。その言葉通り、子どもたちは運動会練習も本番も男女問わず仲良く笑い合えるように活動することができました。

子どもが意識して活動する度に、

「学級目標に向かって成長していてうれしいよ」

と、声をかけ続けることで、いつもの年よりも充実した運動会にすることができました。

授業や運動会だけでなく、他の行事や日常生活、トラブルがあった時も学級目標と関連づけて声かけをしたり活動をしたりすることで、教育活動を充実させることができました。

学級目標は掲示しただけではただの飾りになってしまいます。教育活動と関連づけることで初めて効果の発揮できる学級目標にすることができるのだと気づきました。

POINT

学級目標には、教育活動と関連づけることで、教育活動を充実させる力がある。

言葉はうわべのきれいごとと思っていたら失敗した

Change!

言葉を大切にしたら成功につながった

教室の言葉が乱れる

「お前、そればかじゃね?」

「すげーうざいんだけど」「キモ!」

という言葉が飛び交っていた初めての6年生。トラブルは毎日のように起きていました。

成果の出ない実践

そんなある時、悉皆研修で「ふわふわ言葉・ちくちく言葉」の実践を学びました。この実践は新潟県の赤坂真二先生のご実践で、「ふわふわ言葉」とは「人から言われるとうれしくなったり、元気が出たりする言葉」のことです。反対に、「ちくちく言葉」とは「言われると嫌な気持ちになったり、元気をなくしたりする言葉」のことです。

当時、恥ずかしながら赤坂先生のことは知りませんでした。そんな私は、この実践を聞いた時、（どうせきれいごとでしょ？）と思いました。

次の日、とりあえず学級で話し合って実践をしてみましたが、やっぱりうまくはいきませんでした。その年の学級は、言葉の乱れとともに、どんどん荒れていき、結局最後までどうすることもできませんでした。

本人から直接お話を聞いた！

学級経営について本格的に学び始めた6年目。赤坂真二先生の存在を知り、直接お話を聞く機会ができました。赤坂真二先生は、「ふわふわ言葉・ちくちく言葉」の実践の意義や大切さ、効果的な実践方法についてお話しされていました。今まで、きれいごとだと思っていた「ふわふわ言葉・ちくちく言葉」の実践の可能性を感じました。それと同時に、実践に向き合う不誠実な姿勢に恥ずかしくなったことを今でも覚えています。

成果が大きく変わった

次の日さっそく「ふわふわ言葉・ちくちく言葉」を実践しました。あの時とは違い、真剣に言葉の大切さについて子どもたちに語りました。すると子どもたちは、私の話を理解して、真剣に話し合ってくれました。

話し合いは盛り上がります。黒板は、ふわふわ言葉とちくちく言葉であふれかえっています。するとある子が、

「ふわふわ言葉よりちくちく言葉の方が多いよ」

と、発言しました。確かに、ちくちく言葉はふわふわ言葉の2倍近くありました。その発言から、普段自分たちがどれだけ人を嫌な気持ちにさせたり元気をなくさせたりしているか気づくことができました。

話し合いは続きます。ふわふわ言葉の1位は「ありがとう」、2位は「おめでとう」、3位は「ドンマイ」に決まりました。そして、話し合いで決まったふわふわ言葉やちくちく言葉の掲示物を子どもたちに作ってもらいました。

私は、学級がその掲示物に書かれている言葉を大切にするために、まずは教師である私

自身がふわふわ言葉とちくちく言葉を意識することにしました。子どもに何かしてもらったら「ありがとう」と伝え、うれしいことがあれば「おめでとう」と喜び、うまくいかないことがあれば「ドンマイ」と声をかけました。不思議なもので、私が掲示物の言葉を使うと、子どもも掲示物の言葉を意識して行動してくれるようになったのです。あの時うまくいかなかった実践が、見違えるように変わったのです。言葉が変われば学級の雰囲気は変わります。話し合いの日以降、学級は温かい雰囲気に変わりました。

正直、赤坂先生に教えていただいた方法と以前失敗した方法で、大きく変わったことはありませんでした。変わったのは私の姿勢です。実践に向き合う姿勢が変わると、実践の成果も変わるという大きな学びをすることができました。

POINT

言葉の大切さを教師自身が実感して「ふわふわ言葉・ちくちく言葉」の実践をすることで大きな成果を得ることができる。

子どもにいい先生だと評価されたかった時は失敗した

Change!

子どもの成長を評価するようになったら成功につながった

いい先生だと思われたい！

4月の学級開き。

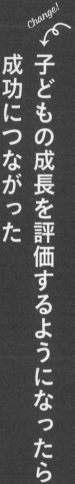

「今年の先生はいい先生だ！」

そう思ってもらいたいと思い、ミニレクをしたり、楽しい話をしたりして盛り上げました。子どもはすごく喜んでくれ、よいスタートを切ることができました。

だんだんと評価が下がっていく

最初によいスタートを切れたのはよかったのですが、長くは続きません。普段の学校生活でミニレクをする時間はなかなか取れませんし、ネタもすぐ切れてしまいます。また、授業を進めたり行事が畳み掛けてきたりして余裕がなくなってしまい、楽しい話や企画をする時間を取ることもなかなかできません。最初はよかった子どもたちからの評価もだんだんと下がってくるのを感じました。保護者面談では、

「うちの子、最初は髙橋先生が担任で喜んでいたんですけどね…」とまで言われるようになってしまいました。しかし、当時の私にはどうすることもできませんでした。

教師は評価される側ではなく、「評価する側」になるべき

ある時、私は、山田洋一先生のセミナーを受けます。その時に学んだことは「評価者―被評価者（教師＝評価者・子ども＝被評価者）」という関係をつくることです。自然な状態では（この先生はいい先生だ）（すぐ怒る先生だなぁ）（授業がわかりやすいぞ！）（面白くない授業をするな）と、子どもは教師を評価しています。この関係では、うまくいっている時はいいですが、子どもからの評価が下がってしまった時は学級経営を

することが難しくなります。
そこで、教師が「評価者」となります。方法の手順は、

①指示―②確認―③評価

です。例えば、私はこのように行っています。

①「教科書○ページを開きましょう」**指示**
②（Aさんはすぐに開いた！　Bさんはまだ動かないな…）**確認**
③「Aさん早いな！」（ポジティブな）**評価**
「教科書を開いていない人はあと3人ですね。急いで！」（ネガティブな）**評価**
「全員開きました！　すぐに反応してくれてありがとう！」（ポジティブな）**評価**

基本的にポジティブな評価をします。しかし、ネガティブな評価をしなければならない時もあります。その時は必ず変容を確認してポジティブな評価で終わるようにします。

子どもの顔色をうかがわなくなった！

教師が被評価者で子どもから好かれなくてはいけないと思っていた時は、子どもの顔色をうかがい、無理な要求を受け入れ、都合のいい先生になっていたように感じます。

教師が評価者になるように心がけると、子どもは自分が変容していくことに喜びを感じてくれるようになりました。そして、子どもが変わっていく姿を教師が喜ぶことで、さらに子どもは成長してくれます。

とはいえ、なかなか成長してくれない子もいます。もどかしい気持ちをグッとこらえ、成長の瞬間を見逃さずにポジティブな評価をするように心がけています。

【参考文献】山田洋一著『気づいたら「うまくいっている！」目からウロコの学級経営』黎明書房

POINT

「評価者―被評価者（教師＝評価者・子ども＝被評価者）」という関係をつくることで子どもの成長につなげることができる。

子どもは教師に従うものだと思っていたら失敗した

Change!

子どもとの人間関係に心を砕いたら成功につながった

子どもは教師に従うものだと思っていた

私が子どもの頃、私の親によく言っていた言葉は、

「先生が〇〇と言っていた!」

でした。先生が言うことは絶対で、自分の親が言うことよりも先生の言うことを信じていました。私がそうだったように、子どもは教師に従うものだと思っていました。

子どもが従ってくれることなんてなかった…

私の初任は5年生。4月の年度はじめは

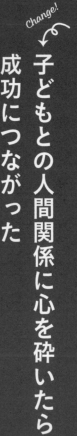

「手伝ってくれる人？」

と言うと、学級のほとんどの子が手伝ってくれました。手伝い以外でも、私が言うことに対しては素直に聞いてくれました。私は（子どもはきちんと従ってくれているぞ）、そんなことを思っていました。

しかし、5月、6月と時間が経つにつれて子どもは私に従ってくれなくなっていってしまいました。そんな子たちを（大人に従わない失礼な子）だと思っていました。

次の年の担任との関係

その子たちとの関係は悪いままに月日が経ち、5年生は終わりました。そして次の年、6年生となったその子たちは、私の尊敬する先輩が担任することになりました。その先輩は若手であるにもかかわらず、学校にも保護者にも、そして子どもからも信頼の置かれるすごい先生でした。しかし私は（きっとその先生でも手こずるぞ…）と思っていました。

しかし、そんなことは一切ありませんでした。

子どもは先輩の話を素直に聞き、どんどんと成長していったのです。

（なぜ先輩の話はこんなに伝わるんだろう？）と、疑問に思っていた時にあることを思い出しました。

それは、4月の入学式のことです。最高学年になったその子たちは、入学式で新入生に出し物をしました。出し物を終えてステージから帰ってくる時、先輩は子どもたちに目線の高さを合わせ、満面の笑みで

「すごいよかったぞ！」

と、力一杯ほめていたのです。

そういえば、授業中も休み時間も運動会などの行事も、力一杯ほめていました。

また、先輩の専門である体育の授業を拝見する機会もありました。授業の内容は跳び箱でした。運動の苦手な子もたくさんいるクラスです。しかし、その先輩は適切な手立てを取り、子どもを励まし、授業の中でどんどんと跳べるようになる子を増やしていきました。跳び箱を跳べた時の子どもたちの笑顔はとても素敵でした。そして、子どもの笑顔だけでなく、先輩の喜ぶ顔もとても輝いていました。子どもと先輩のあの時の笑顔は、今でも忘れられません。

先輩からの学び

　私は、先輩が人気者だから子どもを成長させられるのだと思っていました。しかしそれは、生まれ持った才能だけではなく、日々の子どもとの関わりや成長につながる授業を通して、子どもと教師の人間関係を紡いでいく過程で人気者になっていったのだと気づきました。

　私は、先輩のような人気者の先生にはまだまだなれません。しかし先輩のように、日常での子どもとの関わりや成長につながる授業を大切にし、子どもと教師の人間関係をよくしようと心がけています。子どもと教師の人間関係を大切にした学級経営をすることで、以前よりうまくいくことが増えたと感じています。

POINT

よりよい学級経営をするために、子どもと教師の人間関係をつくることは欠かせない。

子ども同士の人間関係は変わらないと考えていたら失敗した

Change!

意図して働きかけたら よりよい人間関係につながった

人間関係は絶対に変わらないものだと思っていた

いつも同じ子としか関わらない。
男女で関わることを嫌がる。
仲が悪い子はいつもケンカしている。
あんなに仲がよかったのに次の日に関係が悪くなっている。
他の人と関わるより1人でいる方が楽。

「最近の子どもは人間関係が希薄だ」
私が若手の頃、よく聞いた言葉です。メディアの発達により、人と関わらなくても楽しめる環境ができたことも要因の1つだと言われています。私は、自分の学級の子どもたちが人間関係をうまくつくれないのは、時代のせいだとあきらめていました。

男女が全く関われなかったあの年

ある年、6年生の担任をすることになりました。4月のはじめ、算数の時間に席を自由に立ち歩いて男女でペアをつくり発表の練習をしようと思いました。しかし困ったことに、廊下側に男子が固まり、窓側に女子が固まり、男女で全く関わろうとしません。男子も女子もお互いにお互いを拒絶しているような雰囲気でした。結局その時間は、男女でペアをつくって活動することはできませんでした。

特別活動研修の内容を思い出した

男女が全く関わることができずに困っていた時、以前、少年自然の家で3泊4日の特別活動研修に参加したことを思い出します。

その研修は、知らない人と一緒に3泊4日も過ごすというものです。管理職から参加をお願いされたので断ることもできず、正直ネガティブな気持ちで参加しました。しかし終わってみれば、（参加してよかった！）と思える研修になりました。

私が参加してよかったと思えたのは、少年自然の家の職員さんのおかげです。少年自然の家の職員さんは研修が始まる初日に、

「最近の子たちは人間関係が希薄です。だからこそ、少年自然の家での活動を通して、よりよい人間関係をつくってほしいと依頼をたくさん受けています。今回の研修では、実際に行っているプログラムを体験していただき、人間関係のつくり方で少しでもお役に立てれば幸いです」

と言っていました。研修は、最初は目を合わせるだけの簡単なレクから始まり、最後にはチームで力を合わせて新しいアクティビティをつくるというものでした。

最初はぎこちなかった人間関係も、日を追うごとによい人間関係になっていったことを今でも覚えています。

人間関係を意図的につくる

　このことを思い出し、本屋さんに走ってレクを紹介している本を購入し、子どもたちの実態に合わせて色々なレクをしました。また、17〜18ページで紹介したほめ言葉のシャワーを通して、お互いのよいところを伝え合いました。すると、少しずつ人間関係がよくなっていきました。その年の最後には、男女が頭を近づけて算数の教え合いをするまでに人間関係がよくなりました。

　この年、目の前の人間関係は教師の考え方や働きかけによって大きく変わるのだと実感することができました。その時から、人間関係を意図的につくることも、大切な教師の役割だと感じています。

POINT

目の前の人間関係も、教師の考え方や働きかけによって改善し、よい人間関係にすることができる。

学級レクをご褒美にしていたら失敗した

Change!

学級レクで集団づくりをしたら子どもの成長につながった

学級レクは学期末のご褒美だったが…

「先生！　レクをしたいです」

「いいね！　じゃあ漢字ドリルが全員終わったら学期末にやろう！」

「やったー！」

そんなやりとりをして、頑張ったご褒美に、学級レクをすることが決まりました。

しかし、漢字ドリルが終わらない子が学級に数人います。私は、

「あなたが終わらせないとレクができないよ」

と子どもを焦らせて終わらせ、なんとか学級レクをさせることができました。

しかしレクが始まると、

「レクつまらない」「反則するなよ！」「下手くそ！」

と、つまらなそうにしていたり、ルールを守らなかったり、汚い言葉が飛び交ったりしています。結局、ご褒美レクだったレクはご褒美にならず、子どもに辛い思いをさせるだけになってしまいました。

学級レクはなんのため？

（そもそも、学級レクってなんのためにするんだっけ？）私は悩みました。悩んだ結果、

「みんなが楽しめる学級レクにしたい！」

そう思いました。

そして学期末、子どもが

「先生！　レクをしたいです」

とまた言ってきました。今回はドリルを終わらせるなどの条件は特に設定しませんでした。

その代わり、話し合いを大切にすることにしました。レクを決める話し合いの前に、

T「みんなはどんなレクにしたい？」
C「みんなが楽しめるレクにしたい！」
T「今までみんなが楽しめるレクはできたかな？」
C「できていない…」
T「なんで？」
C「みんなが楽しめる遊びじゃなかったり、ズルをしたり、悪口を言う人がいたりしたから…」
T「そっか、先生もみんなが楽しめるレクにしたいと思っているよ。みんなが楽しむことを目的に、レクを決めていこっか」
そんな話を子どもとしてから、レクを決める話し合いを始めさせました。
ああでもない。こうでもない。話し合いが続きます。
20分ほど経って決まった内容は、ドッジボールでした。（あんなに話し合ってドッジボール…大丈夫か？）と、不安になりながらも
「みんなが楽しめるルールを決めよう。それが大事だよ」
と、声をかけてルールづくりもさせました。すると、

「悪口は言わない」「ポジティブ言葉を使う」「みんなが１回は投げる」「同じ人ばかり投げない」「勝敗はつけない」「勝っても負けても相手をあおらない」「ルールをごまかさない」などのルールが決まりました。そしてレク当日、楽しそうにレクが進みます。ドッジボールが終わった後、子どもたちは、

「今までのドッジボールの中で一番楽しかった！」

と言うことができました。

その後の休み時間から、子どもたちはポジティブな言葉を使って遊ぶようになり、ケンカをすることも少なくなりました。学級レクでみんなで楽しむことを目的として話し合い、日常でも生かすことができるようになりました。学級レクをご褒美ではなく、目的をもって集団づくりをするための活動として捉えることで、子どもの成長につながりました。

POINT

学級レクを集団づくりと関連づけることで、子どもの成長につながる。

子どもをニックネームで呼んでいたら失敗した

Change!

子どもに敬称をつけて呼んだらクラスが落ち着くことにつながった

若手の頃は子どもをニックネームで呼んでいた

「子どもとよい関係をつくりたい」

教師なら誰でもそのように思っていることでしょう。私もその1人です。若手の頃の私は子どもとよい関係をつくるために、子どもをニックネームで呼んでいました。例えば、

・渡辺くん　↓　なべさん　　・きょうこさん　↓　キョン　　・前園くん　↓　ゾノ

のように、私が考えたニックネームや子ども同士ですでに使われているニックネームで子どもを呼んでいました。

ニックネームでこんなトラブルがあった

ニックネームで呼ぶと、子どもとの距離感も近くなり、授業も休み時間も楽しい雰囲気になります。しかし、こんなトラブルが出てきてしまいました。

●ニックネームで呼んでいる子から
「先生は、○さんだけ「さん」をつけて呼んでいて贔屓している！」
●保護者から
「先生、うちの子、○○って呼ばれるのは嫌みたいなんです」
●友達同士のトラブルで
「先生！　○くんに、名前で遊ばれた！」

ニックネームが原因で日常からこのような小さなトラブルが続き、大きなケンカや学級の悪い雰囲気につながってしまいました。しかし当時は、ニックネームで呼ぶことのよさを信じ、その後も子どもをニックネームで呼び続けていました。

教育委員会からのご指導

ある日、教育委員会の方々が学校を訪問する機会がありました。その時、

「子どもは敬称をつけて呼びましょう」

と、学校全体にご指導をいただきました。私は、(敬称なんかつけたら、子どもとの距離感ができちゃうじゃないか!)と、批判的にそのご指導を聞いていました。しかし、指導されたことなので、仕方なく敬称をつけて呼ぶことにしました。

敬称をつけて変わったこと

「○○さん」

敬称をつけて呼ぶと、不思議なことに、私自身の気持ちが落ち着いてきたのです。

叱らなければならない場面では、

「○○さん！　～しましょう」

と、優しい言葉を子どもに投げかけていました。敬称をつけると、その後に続く言葉にきつい言葉が使えなくなってしまうのです。

他にも、「贔屓している！」と言われることも「ニックネームが嫌だ」と言われることもなくなり、「名前いじり」のトラブル件数も大きく減りました。

ニックネームで呼んでいた時、私と子どもとの友達のような関係が原因で、うまくいかないこともたくさんありました。しかし敬称をつけることによってよい距離感ができ、子どもとの関係も以前よりよくなりました。

子どもに敬称をつけて呼ぶことで、学級全体が落ち着いた雰囲気になったり、子どもとのよい距離感をつくれるようになったりしました。

POINT

子どもに敬称をつけて呼ぶことで、学級を落ち着いた雰囲気にしたり、子どもとのよい距離感をつくったりすることができる。

やって当たり前と子どもに感謝をしないでいたら失敗した

Change!

感謝の気持ちを伝えたらお互いを大切にする関係につながった

感謝を伝えない学級経営!?

「教師のためにやっているわけではないのだから、子どもに『〜してくれてありがとう』と言うのはおかしい」

「やって当たり前のことにすぐに感謝したら、子どもはすぐにやらなくなる」

私が若手の頃、ベテランの先生からこのような教えをいただくことがありました。どちらのご意見も、当時の私にとってはとても納得できるものでした。ですので、感謝を伝えないことがよい学級経営につながると信じ、子どもに感謝を伝えないようにしていました。

子どもには感謝を求めた

その代わり、

「感謝のできる子にしなければいけない！」

との教えをいただきました。ですので、教師が何かをしたら子どもからの感謝を求めました。校外学習でお世話になった方にお礼のメッセージカードを書かせたり、関わってくださった先生方に学期末に感謝の手紙を書かせたりしました。

未熟だった私は、教師は感謝をしないのに、子どもには感謝を求めることに違和感を感じないまま指導をしていました。しかし、今思えば、子どもは違和感を感じていたのではないかと思います。どの活動もやらされている感じで形式的に感謝の言葉を伝えていただけでした。

先輩の言葉

ある時、私の大好きな先輩が私にこんな話をしてくれました。

「ありがとうって、どういう漢字を書くか知っている？　『有り難う』有るのが難しいって意味なんだって。じゃあ、ありがとうの反対の言葉って何か知っている？　『当たり前』なんだって。人は当たり前のことになると感謝はしなくなるから、当たり前にならないように心がけておくことが大切らしいよ」

「でもね、俺は当たり前のことにもありがとうって言える子に育てたいと思っているんだ。だからさ、俺が率先して子どもに感謝の言葉を伝えることを大切にしているんだ」

私は衝撃を受けました。その日からその先輩を真似して、たくさん感謝を伝えました。感謝を伝えると子どもは喜んでくれ、一生懸命に色々な活動に取り組んでくれるようになりました。また、こんな私にも感謝をしてくれるようになりました。教師が感謝を伝えることで、子どもと感謝し合える関係になったのです。私は、お互いがお互いを大切にするこの関係が大好きです。

間違った解釈だった

では、若手の頃に私がベテランの先生に教えていただいたことは間違いだったのでしょうか？　そうとは言いきれないと思います。今思えば、子どもの顔色をうかがい、子どもに気に入られようと、ただ「ありがとう」と言っていた私に対してアドバイスをくださったのだと思います。私はそのアドバイスを間違って受け取ってしまっていたようです。

ベテランの先生の教えも、私の大好きな先輩の言葉もどちらも大切にすることで、より子どもとのよい関係がつくれるようになったと感じます。

「当たり前のこと」にも「有ることが難しいこと」にも感謝の気持ちをもち、子どもに伝えることをこれからも大切にしていきます。

POINT

子どもの行動に感謝の気持ちをもち心を込めて伝えることで、お互いを尊重し合える関係をつくることができる。

悪いことをしたら叱ればいい、と思っていたら失敗した

Change!

子どもに叱られる意味と方法を教えたら成功につながった

悪いことをしたら叱ればいいと思っていた

「悪いことをしたんだから叱られて当然」

初任時代、悪いことをした罰として叱れば子どもはよくなると思っていました。そして、それがよい教育だと思っていました。ですので私は、子どもをたくさん叱りました。

「悪口を言うな！」「暴力はやめなさい」「きちんと授業を受けなさい」間違ったことは言っていなかったと思います。しかし、子どもはただ不貞腐れるだけで改善につながることはありませんでした。

野口芳宏先生からの学び

6年目の冬、野口芳宏先生の学習会に参加しました。その時の講座の1つに「叱ること」がありました。私にとってこの講座は目から鱗の講座でした。野口先生からは、

「子どもは叱られたという事実に混乱して、教師の言葉を受け止められないことがあります。ですので、教師が叱る目的と子どもの正しい叱られ方を教える必要があります」

とのことでした。教師の叱る目的は、

立派な人間になってもらいたいから。

そして、正しい叱られ方は

「①受容 ②反省 ③謝罪 ④改善 ⑤感謝」

でした。私がうまくいかないことが明確に理解できて感動したことを今でも覚えています。

私は、「正しい叱られ方」は、私のキャラクターに合わなかったので、「成長する叱られ方」と言葉を少しカスタマイズして子どもたちに教えることにしました。

叱る目的と叱られる方法を教える

野口先生の講座を思い出しながら「教師の叱る目的」を話します。

「叱られるのが好きな人？」…子どもは誰も手を挙げません。

「先生は叱ることが好きだと思っている人？」…やっぱり子どもは手を挙げません。

「みんなは叱られたくない。先生は叱りたくない。では、叱らない方がみんなのためだと思う人？」…この質問でも手を挙げません。

「みんなは、先生は叱った方がいいと思っているんだよね。それはなんでかな？」

と、子どもに問うと、

「先生が叱ってくれなかったら、僕たちはどんどん悪い方向にいってしまうからです」

と、意見があがり、みんなが納得してくれました。

「そうだね、先生だって本当は叱りたくないんだ。でもね、みんなに立派な大人に成長してほしいと思っているよ。だから叱らなければいけないこともあるんだ。これから出会う人の中にも、きっとみんなの成長を願って叱ってくれる人がいると思う。だからね、みんなには成長につながる叱られ方を身につけて、立派な人に成長してほしいと思っているよ」

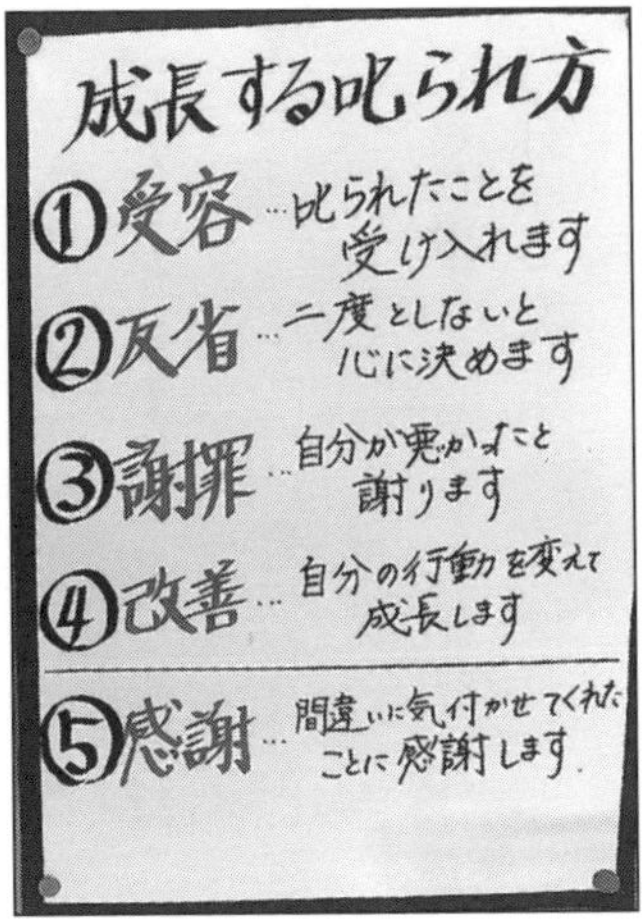

この「成長する叱られ方」を教えてから、子どもたちは叱られたことを改善につなげてくれるようになりました。

そして私は、子どもに要求するだけでなく、教師側も子どもの成長につながる叱り方を心がけるようにしています。

POINT

子どもに叱る目的と成長する叱られ方を教え、教師も教えたことを意識することで、子どもは叱られたことを前向きに取れるようになる。

子どもになめられると思って謝らないでいたら失敗した

Change!

子どもに謝るようになったら許し合える関係につながった

謝ったら子どもになめられる!?

「謝ったら子どもに負けたことになるからなめられる!!」

学級経営をする上で、なめられたら子どもは言うことを聞かなくなると思い、私は若手の頃は子どもに謝ることはありませんでした。

しかし、トラブルがあった時や失敗をした時などに子どもには謝ることを要求します。大人は謝らないのに子どもには謝らせることをしていたので、子どもと教師は対立関係にあったと思います。

「成長する叱られ方」で私が変わった

そんな私も、今では素直に子どもに謝れるようになりました。
転機は前項でご紹介した「成長する叱られ方」を教えるようになってからです。

①受容 ②反省 ③謝罪 ④改善 ⑤感謝

初めて「成長する叱られ方」を子どもに教えた時、子どもに教えたのだから私が率先して実践しようと心に決めました。特に、今までできなかった③**謝罪**をきちんと子どもたちにしようと思いました。

例えば授業中、(なんだか騒がしいな)と思った時。
T「関係ない話をしない！」
C「先生！ ごめんなさい。わからないところがあったので友達に聞いていました」
T「あ、そうなんだね。関係ある話だったんだね。キツく言ってごめんね」

例えば子ども同士がケンカをして大きな声でケンカを止めた時、当事者同士のケンカを解決した後には学級全体の前でこんな話をします。

「さっきは大きな声を出してごめんなさい。驚いた人もいたよね。すぐにケンカを止めなければいけないと思ったから、ああするしかなかったんだ」

例えば間違えて子どもを叱ってしまった時。

「さっきは間違えて叱ってしまいました。○さんは何も悪くなかったよ。先生が話をよく聞かないうちに強く言ってしまったね。本当にごめんなさい」

（なめられるかもしれない）と不安に思いながらもきちんと子どもに頭を下げるようにしました。

子どもに頭を下げると、

「先生！　大丈夫ですよ！」

と、許してくれました。（なめられる）と思っていたのは、私の強い思い込みだったようです。その後も、子どもに謝ってもなめられることなんて決してありませんでした。むしろ、子どもとの関係がよくなっていったように感じました。

「成長する叱られ方」でお互いが優しくなった

なぜこのような関係になったのか考えました。私は「成長する叱られ方」が大きく関係していると思います。子どもが「成長する叱られ方」を意識して行動できるようになったことで、私は子どものしてしまったことを許せるようになり、行動改善を喜び、感謝できるようになりました。その姿勢が伝わり、子どもも私の謝罪をよい方向に受け取ってくれるようになったのだと思います。

子どもも大人も謝罪を許し合える。そんな関係をつくれるようになって、本当によかったです。

POINT

「成長する叱られ方」を意識して子どもに謝罪することで、許し合える関係をつくることができるようになる。

第2章

授業づくり

子どもが学校に行くことは当たり前だと思っていたら失敗した

Change!

学校で学ぶ意義を子どもに伝え続けたら成功につながった

学校は義務教育だから行くものだと思っていた

「義務教育だから子どもは学校に行くもの」

そう思っていた若手時代。子どもが学校に毎日通う意味も学校で勉強する意味も考えたことがありませんでしたし、考える必要もないと思っていました。

「先生！　なんで勉強しなければいけないんですか？」

そう聞かれても

「やらなきゃいけないから」

そう答えるだけでした。

「もしドラ」との出会い

そんな私が変わったのは、

『もし高校野球の女子マネージャーがドラッカーの『マネジメント』を読んだら』（岩崎夏海著、新潮社）

を読んだからでした。発売当初から大きな話題になっていましたが、（話題の本は読まない！）と、謎の強がりを見せていましたので最初は読みませんでした。発売から数年が経ってから読むと、感動することばかり。もっと早く読んでおけばよかったです（笑）。

もしドラは、『マネジメント』という本から言葉を引用して野球部を強くしていくというストーリーです。『マネジメント』には次のような一文があります。

「あらゆる組織において、共通のものの見方、理解、方向づけ、努力を実現するには、『われわれの事業は何か。何であるべきか』を定義することが不可欠である（二二頁）」

私は、学校という組織は「勉強するところ！」と定義づけようとしましたが、すぐに次のような文章が出てきます。

「『われわれの事業は何か』との問いは、ほとんどの場合、答えることが難しい問題である。わかりきった答えが正しいことはほとんどない（二三頁）」

学校は勉強するところ…わかりきった答えなので、正しくないのでしょう。私は悩みました。そもそも、（なんで勉強するんだっけ？）と考えました。「テストで100点取るため」「将来困らないため」「仕事に就くため」、どれもしっくりきません。

なんで友達と過ごす？　なんで勉強する？　なんで学校行事がある？

自問自答し続けます。

友達と過ごしたり、勉強したり、行事に一生懸命に取り組んだりすれば、子どもは幸せになる。学校は日本全国にある。だから、

「学校は日本全体の将来を幸せにする組織である」

と気づきました。学校が義務教育である理由は、大人たちの「全ての子どもたちに幸せになる力を身につけてほしい」という願いが込められているからだと私は考えました。

学校で学ぶ意義を子どもに伝え続ける

「今、勉強していることはね、みんなが将来（これをやりたい！）と思った時に選択肢を広げてくれるんだよ。学んだことが直接つながっていると感じづらいかもしれないけれど、知らないところできっと支えてくれているよ。先生だって、本が読めたり、計算ができたりするのは、学校で学んだからなんだよ」

「ただ勉強するだけなら今はインターネットを使えば自分1人で学べるよね。でも学校は違う。友達と一緒に学ぶところなんだ。わからないことを友達や先生に聞いたり、自分の力をわからない人のために使ったりすることで、より成長できることがあるんだよ。力を合わせて支え合いながら成長するのは、どんな仕事でも共通していることだよ」

正しい答えは1つではありません。教師の数だけあっていいと思います。

POINT

学校で学ぶ意義を教師自身で考えて子どもに伝え続けることで、子どもは学校で学ぶ意義の実感を積み重ねることができる。

教師だけが授業を頑張っていたら失敗した

Change!

子ども自身で成長する方法を教えたら成功につながった

1日のうちで一番長いのは授業時間

「1日のうちで一番長い時間は授業だから授業を充実させると学級は安定するんだ」

私が初任の頃に教えていただいたことです。確かに1日のうちに一番長い授業の時間が楽しければ学校は楽しくなるし、退屈な時間なら学校が退屈になってしまいます。ですので、楽しい授業やわかりやすい授業をすることが子どものためになると思い、授業を大切にすることにしました。

教師だけが頑張る授業

「わかりやすい授業をするぞ！」

私が若手の頃、夜の遅い時間まで教材研究をしたり、楽しい教具を作ったりしてわかりやすい授業を心がけていました。

しかし次の日、授業に一番頑張って参加しているのは私でした。ですので、学習の理解につながらないことや面倒くさそうに授業を受ける子どもたちを見ることもしばしば…

（昨日のあの努力はなんだったんだ）

教師だけが頑張っても、子どもたちのためになる授業にすることができませんでした。

子どもに任せきりの授業

「教師主体でうまくいかないなら子ども主体の授業に挑戦してみよう」

例えば6年生の社会科の時間。調べ学習に取り組ませます。教科書を使ってもよし。資料集を使ってもよし。コンピューターを使ってもよし。自由に子どもたちに任せた子ども主体の授業に挑戦しました。子どもたちは前向きな気持ちで取り組もうとしてくれています。（よし！　手応えあり！）と思ったのも束の間。

何をしたらいいかわからず1時間経っても何も調べられていない子もいれば、友達同士で関係のないおしゃべりをしているグループもありました。逆に、30分くらいで課題が終わってしまい、残りの時間授業とは関係のないことをしている子もいました。

私が目指した子ども主体の授業は、子どもに任せきりの授業になってしまい、充実した学習活動にすることができませんでした。

子どもと教師でつくる授業

教師だけが頑張っても、子どもに任せきりにしてしまっても授業を充実させることはできませんでした。（教師だけが頑張ってもダメ。子どもだけに任せてもダメ。だったら次にできることは…）そこで気づいたことが、**子どもと教師でつくる授業**です。

例えば先ほどの社会科の授業であるなら、調べる対象を少し学びます。その上で、「教科書何ページを調べたらいいかな？」「資料集のどこを見たらいい？」「インターネ

ットではなんて検索したらいいんだろう？」と、調べ方を全体である程度確認し、

「みんなはどの方法で調べる？」

と、確認してから学習を進めます。すると、最初はみんなで確認した調べ学習で進めますが、時間が経つと自分で思いついた調べ方をする子が出てきます。そして、その子の調べ方を全体に紹介し、学びを広げたり深めたりするようにしています。このように、最初はある程度教師が引っ張って子どもに活動させ、いずれは子どもだけで活動できるように成長させることを目指しています。

子どもだけでも教師だけでもなく、子どもと教師で授業をつくり、子どもを成長させる授業を心がけています。

POINT

子どもと教師で授業をつくることで、子どもの成長する授業につながる。

授業は勉強だけをするものだと思っていたら失敗した

Change!

授業を通して人間関係づくりを心がけたら成功につながった

人間関係づくりをする時間がない…

学校はとにかく忙しいものです。授業をすることはもちろん、宿題や提出物の確認、学校行事や委員会の取り組みなどが山積みで、子どもと関わっている時間はありません。休み時間に子どもと遊ぶ方法もありますが、休み時間は短すぎたり、他にやらなければいけない仕事があったりしてなかなか充実させられません。学活の時間を使って子ども同士の人間関係づくりをするための学級レクの時間を確保することだって難しいものです。若手の頃の私は、いつも何かに追われ、人間関係づくりをすることができませんでした。

1日のうちで一番長いのは授業

話は変わりまして現在。高学年を担任すると休み時間に子どもが寄ってこなくなりました。（嫌われているのかな？）そんなことを思いつつ、子どもに恐る恐る聞いてみました。

T「なんで高橋先生の周りに子どもは来ないんだろうね？」

C「あぁ、それは授業中に子どもと関わってくれているからですよ」

C「先生は、授業中みんなをたくさんほめてくれますよね。それと、わからないところはきちんと教えてくれるし。あと、授業中の空いた時間の雑談で先生のプライベートの話をしてくれるから、休み時間に先生のところに行く必要がないんです」

C「だから、授業中に先生と関われるから休み時間は友達と関わるようにしているんです。みんなそうですよ」

…すごくホッとしました（笑）。気づかないところで私は子どもと関われていたのです。

子どもの言葉をヒントに、授業中に私がどのように子どもに関わっているのか自分を分析しました。私は、授業中にあることをものすごくこだわっています。そのこだわりのおかげで子どもが関わってくれていると感じていたのです。

そのこだわりとは、**小さなポジティブフィードバック**です。

具体的には次のような手順で行います。

①指示　②観察　③小さなポジティブフィードバック

例えば、

「ノートを書きましょう」

と**①指示**をしたら、すぐに子どもを**②観察**します。すぐにノートを書き始めた子に「はやい！」「もうそこまで書いているんだ！」「意欲が伝わってくるよ」

と、**③小さなポジティブフィードバック**をしています。中には「はやく書いて」とネガティブフィードバックをしなければならないこともあります。ネガティブフィードバックをしたとしても、行動改善をしたらすかさず

「やる気スイッチが入ったね！　いいね！」

と、ポジティブフィードバックで終わらせています。

また、子ども同士の人間関係づくりは授業中の教え合い活動も有効でした。具体的には
「男女問わず教え合いましょう」
と①**指示**をして②**観察**し、男女問わず教えている子に
「男女問わず教え合いをしている姿が素敵だね」
と③**小さなポジティブフィードバック**をしています。すると、それが周りにも広まって男女問わず関われる子が少しずつですが増えてきます。

このように、教師の指示や教え合い活動などに対して小さなポジティブフィードバックを積み重ねることで、授業中に子どもと教師や子ども同士の人間関係づくりをすることができます。人間関係づくりをすることで、授業の雰囲気もよくなり、学力の定着にもつながります。1日で一番長い授業だからこそできる人間関係づくりを大切にしています。

POINT

1日で一番長い授業で人間関係づくりをすることで、学級の雰囲気がよくなり、学力の向上にもつながる。

学習規律で見た目を整えようとしたら失敗した

Change!

学習規律のよさを実感させたら学習成果につながった

学習規律が整っている先生はすごい先生

初任時代、初めて参観した研究授業。ベテランの先生の学級は子どもたちがビシッとしていて、授業に向かう雰囲気に勢いを感じました。その姿を見て、（かっこいい！）と思いました。私も学習規律を整えてビシッとした中で授業をしたいと思いました。そして、学習規律を整えることで（すごい先生）だと思ってもらえると考えるようになりました。

学習規律を押しつけた

その日から、「姿勢を正しなさい」「前を向きなさい」「話を聞きなさい」

と、ネチネチと学習規律を整え始めました。すると、学習規律は少しずつ整ってきました。そして初めての授業研究会。ベテランの先生ほどではありませんが、ある程度整った形で授業をすることができました。「初任なのに学習規律がしっかりしていました」と言ってくれる方がいらっしゃって、その時はすごくうれしかったです。

授業研究会が終わり、普段の授業に戻ると異変が起こります。子どもの学習に向かう姿勢が一気に悪くなってしまったのです。ダラーンと机に寝そべって授業を受ける子がいたり、友達同士のおしゃべりが止まらなかったりしました。私が注意しても聞かなくなってしまいました。どうやら私の整えた学習規律は見た目だけのハリボテだったようです。

学習規律はなんのため？

「そもそも、なんで学習規律を整えなければいけないんだろう？」

私は悩みに悩みました。そして考えて行き着いた結果が、**学びやすさ**でした。

学習規律が整うと、教師の話が聞きやすくなったり、集中して学習に参加できたり、活動の時間が増えたりして、子どもの学びやすさにつながります。学びやすい環境の中で学ぶことで力をつけることができます。そんなことに気づいた後に、

「どうしたら学習規律を定着させられるんだろう?」

という課題にぶつかりました。こちらも悩んで悩んで行き着いた結果が、**学習規律のよさを実感させること**でした。

学習規律のよさを実感させる

私が今、心がけている学習規律は次の2つです。

①目を合わせて話を聞くこと　②上向きの声を出して発信すること

例えば教師が話をする時に、

「目を合わせて話を聞きましょう」

と指示をして、観察し、全員と目が合ったのを確認してから話します。話し終わった後に、

「どんなことがわかった?」

と聞いて、答えられた子に

「話をしっかり聞くと内容をしっかりと理解できるね」

とポジティブフィードバックを通して、話を聞くよさを実感してもらっています。

また、子どもに声を出させたり発表させたりするなどの発信をする場面では、

「上向きの声を出しましょう」

と指示をして、観察し、上向きの声の子に対して
「上向きの声だと聞き取りやすくて考えていることがよく伝わるよ」

とポジティブフィードバックをして、よさを実感してもらっています。

教師が子どもの成長を喜びながらポジティブフィードバックをして学習規律を整えることで、成果のあがる学習規律に変わりました。

POINT

学習規律のよさを子どもが実感することで、成果のあがる学習規律にすることができる。

一言一句細かいところまで考えて授業づくりをしたら失敗した

Change!

授業のポイントをおさえるようにしたら成功につながった

とにかく授業づくりに時間をかけた

初任時代に一番不安だったのが授業でした。

「どうしたらわかりやすい授業になるのか？」「どうしたら楽しい授業になるのか？」

だけでなく、

「どうしたら45分もつのか？」

という悩みもありました。

教材研究ノートに一言一句書き出した

教材研究の仕方もわからなかったので、算数に絞って授業で話す言葉を一言一句ノートに書くことにしました。一言一句ノートに書き出せば授業の流れがわかります。なんとか授業を流すことができました。しかし、日々の業務に追われて授業づくりをする時間を取ることはなかなかできません。ですので、朝の3時に起きて眠い目をこすりながら2時間ほど授業づくりをすることにしました。そして5時頃になると力尽きて、1時間ほど寝るのが毎日の日課でした。

最初のうちはよかったのですが、疲れが溜まってきます。その疲れのせいで授業はうまく流れなくなってきます。子どもも「わからない」とつぶやいたりつまらなそうにしていたりします。また、私が考えたように子どもはうまく反応してくれません。子どもの反応が違う度に無理やり自分の考えた授業の流れに引き戻すこともしていました。

(あんなに一生懸命に考えたのに…)

私はうまくいかないことを子どものせいにしてイライラするようになりました。さらに、算数の授業だけしか考える時間を確保できなかったので、他の授業はさらにボロボロでした。この方法は私には合っていないと感じるようになりました。

ポイントをおさえる授業

ある年、長い時間授業づくりに時間をかけることが無理だったので、「授業のねらい」だけをおさえることにしました。例えば4年生の長方形の面積を求める学習では、「今回は、面積が単位面積いくつ分であることだけ理解させよう」

こう考えながら授業をすると、私が今まで必要だと思ってしていたことが、ねらいを達成させるために不必要なことがたくさんあることに気づきました。また、子どもの柔軟な発想にも対応できるようになってきました。

今まで、いい授業をつくるには時間をかけることが大切なことだと思っていましたが、時間をかけるだけがいい授業につながるわけではないと気づきました。

時間をかけた授業づくりも無駄ではない

では、今まで私が授業づくりに時間をかけたことは無駄だったのでしょうか？　そうではないと思います。時間をかけたことで、授業の流し方をイメージしたり、色々な授業の仕方を調べたりすることができたからです。とはいえ、私が若手の頃のように毎回時間をかけた授業づくりは不可能ですし、今の時代に求められる働き方ではありません。ですので私は、毎年1回行われる授業研究会だけでも時間をかけて自己研鑽をしようと心がけています。この授業の改善を積み重ねることで、ポイントだけをおさえた授業でも成果のあがる授業につなげることができます。

日々の授業では、時間をかけて授業づくりをすることはできません。だからこそ、普段の授業からポイントをおさえた授業を心がけることで、短い時間でも成果のあがる授業につなげることができます。

POINT

ポイントをおさえた授業をすることで、授業づくりの時間は短くなり、子どもの反応に対応させて授業を進められるようになる。

その日暮らしで授業をしたら失敗した

Change!

手帳と週案で授業計画を立てたら成果のあがる授業につながった

授業が終わらない!!

若手の頃の悩みは、「学習の進度が遅れてしまうこと」でした。

私が学習の進度が遅れてしまって悩んでいる一方、隣のベテランの先生は計画通り…よりも少し早く進んでいます。余裕のある進度で、学力もバッチリ定着しています。

(同じ授業時数のはずなのに、どうしてこんなに差がつくのだろう?)

私はいつも不思議でした…。

ベテランの先生からのご指導

「どうやったら先生みたいに授業を進められるんですか？」と質問すると、「授業を時数通りに進めるには3つポイントがあるんだよ。1つ目は、カレンダーを使って進度を計画すること。2つ目は、週案をしっかりと書くこと。3つ目は、1時間に教える内容は必ず1時間で終わらせることだよ」と、教えてくださいました。

なるほど！ 私はカレンダーを使って進度の管理をしたことがありません。週案もとりあえず提出しているだけでした。授業は、その時間に終わらないこともよくあり、（次の時間にやればいいか）と、先延ばしにしていました。授業が遅れるわけです。

3つを心がけて実践！

まず、カレンダーのマンスリーのページを使って計画を立てます。いつまでにその単元を終わらせればいいか、見通しを立てました。その学期で学習する内容を大まかに把握することができました。

次に、その大まかな把握をもとに週案を書きました。今までは授業をその日に行われる「点」でしか捉えられなかったのが、単元の流れを意識する「線」で捉えられるようになりました。
最後に、1時間で終わらせることは1時間で終わらせるように心がけます。計画をしっかりと立てているので、計画の大切さを実感しています。その時間で絶対に終わらせようという意識が高くなっていました。すると、余計なことをしている余裕はなくなります。子どもにとって何が必要で何が不必要か考えながら授業をすることを心がけることができました。

カレンダーや週案を使って計画を立てることは（時間がかかって面倒くさいことだな）と思っていました。しかし、以前より1回1回の教材研究の時間が大幅に短くなり、全体的な教材研究の時間も短くなりました。そして、流れを意識して授業ができるようになったので、成果のあがる授業をすることができるようになったと感じます。

ポイントをおさえた授業づくりと関連づける

今では、この方法を前項でご紹介したポイントをおさえた授業づくりと関連づけて、次のように授業づくりをしています。

①教科書の単元に目を通す（5分くらい目を通せばだいたい把握できます）
②学習指導要領や指導書からポイントをおさえる
（その単元については2〜3ページしか書かれていないのですぐ読めます）
③カレンダーを使って計画を立てる
④②でおさえたポイントを意識しながら週案を書く
⑤1時間で授業を終わらせる

この教材研究をすることで、短い時間で成果のあがる授業につながっていると感じます。

POINT

計画を立ててポイントをおさえた授業づくりをすることで、短い教材研究で成果のあがる授業につながる。

授業を終えてそのままにしていたら失敗した

Change!

自分の授業を振り返るようにしたら授業改善につながった

先輩に相談

初任で授業に悩んでいた頃、私の学校には算数の授業がうまい先輩がいました。年齢は私のたった3つ上です。（たった3つしか歳が変わらないのに、なんでこんなに授業の差がついてしまっているんだろう？）と思い、先輩に質問しました。

「どうしたら先輩みたいな授業をすることができるんですか？」

すると先輩は、

「ちょっとこれ見てよ」

と言って、1冊のノートを見せてくれました。

授業の振り返りノート

その先輩が見せてくれたノートには、板書の写真が貼ってあり、授業の反省が書いてありました。そのノートに圧倒されていると、

「やってみるとわかるんだけど、1日5分くらいあれば簡単に振り返れるよ」

と言っていました。（5分でできるなら…）私も板書の写真を撮って振り返りに挑戦することにしました。

授業がレベルアップした瞬間！

私も先輩と同じように反省をしたのですが、授業はなかなかうまくなりません。板書もなかなか上達しません。心が折れかけていたある日、

（あれ？　今日の授業はなんかうまくいったぞ！）

という日がありました。いつものように板書の写真を撮って5分間振り返ると、あることに気づきます。

（あ！　子どもの考えが整理されていて思考の流れが一目でわかる！）

と、よかった部分に気づくことができました。さらに、

（なるほど、だったら思考の部分を広く取るために、導入の部分は狭くしてみよう）

と、板書の改善ポイントが思いつきました。

次の日、導入部分を狭くして子どもの考えを広くすると、昨日の授業よりうまく流すことができました。


今でもその時に気づいた板書の構造を軸として授業を展開しています。授業を振り返ることで、うまくいった授業を再現し、自分の授業改善につなげることができました。

授業改善の他の方法

板書撮影の授業改善を続けていても限界がきます。そこで、次に取り組んだのはＩＣレコーダーを使った振り返りです。レコーダーを胸ポケットに忍ばせて授業をし、帰りの車でラジオ代わりにして自分の授業を聞きました。

（こんな暗い声で授業しているの？）（少し早口すぎる！）（あぁぁ、しゃべりすぎだよ）（説明が長すぎる…）（ずっと同じ調子で工夫がないな）

と、自分の授業の至らない点が多すぎて、ものすごく反省したことを今でも覚えています。

次の日、レコーダーで気づいた改善点を意識して授業をしました。すると、子どもの反応が少し変わったように感じました。それを１か月ほど続けると、自分でも聞ける授業になってきました。

自分の授業がうまくなると改善が楽しくなってきました。さらに、動画で撮影したり、先輩や管理職の先生に授業を参観してもらってアドバイスをもらったりすることもしました。ここまで時間をかけなくてもいいと思いますが、１日５分程度授業を振り返るだけでも大きな授業改善につながりました。

POINT

自分の授業を少し振り返ることで、大きな授業改善につながる。

授業はこうしなければならない！と思っていたら失敗した

Change!

目の前の子どもの実態に合わせて授業をしたら成長につながった

今までの経験が全く通用しない子たち

経験年数も積み重なり、自分の授業スタイルがある程度できあがり、成果を残せるようになってきました。自分の授業に少し自信がついてきた時、ある子たちと出会います。その子たちは…とても勉強が苦手な学年の子たちでした。

導入で子どもたちの意欲を引き出したり、ＩＣＴを活用して授業を展開したり、話し合い活動を取り入れたりして、私の今までの経験を生かしながら授業をします。

「授業がわかりやすい！」

と言ってくれて手応えを感じました。しかしテストになると…

「あの手応えはなんだったんだ…」

と思うくらい酷い結果でした。今まで担任していた子たちでは成果のあがっていた授業のはずなのにうまくいかず、自信が粉砕されてしまいました。

教科書を使った授業

私の地域では、「教科書には答えや考え方が載っているから子どもの思考の機会を奪ってしまう」という理由で、算数の授業で子どもに教科書を使わせない文化があります。子どもたちは教師とのやりとりの中で問題の解法を考え、話し合い、学習を理解していきます。私もこの考え方には賛成で、この方法で授業をしていました。しかし、今まで通用していたこの方法が（目の前の子たちに合わないのでは…）そんな仮説を立てました。

試しに教科書を使った授業を考えて展開しました。教科書を全体で読んで解決方法を確認し、教科書に書かれた流れの通りに進めました。

例年だったら「簡単すぎる！」と子どもたちが退屈してしまう授業です。しかしこの年の子たちは、

「すごくわかりやすい！」

と言って授業に参加してくれました。子どもたちに考えさせる授業を展開していた時よりもスラスラと問題を解いています。そしてテストでは、

「先生！　いつもよりすごくよくできました！」

と、報告してくれる子がたくさんいました。子どもたちも手応えを感じ、その後の授業にも意欲的に取り組んでくれるようになりました。

算数以外の他の授業でも、教科書を中心に授業を組み立てることにしました。

社会科では、私が用意したオリジナルの教材を用意することはやめて、教科書の素材を使うようにしました。国語では、教科書の読み取りを子どもの自由な読み取りから展開して深めるのではなく、教師が主導してポイントに焦点を当てて読み取らせるようにしました。

いつもだったら（つまらない）（簡単すぎる）（教師主導はよくない）というご指導を受けそうな授業が目の前の子たちには合っていたのです。ここに気づいてから、子どもたちはより意欲的に学習に参加するようになったと感じます。

子どもからの学び

今までの授業が通用しなくて試行錯誤をしたことで、「教科書」のよさと改めて向き合うことができました。教科書を今までよりも効果的に使うことができるようになり、私の新たな武器とすることができるようになったと感じます。目の前の子たちに合わせて授業をカスタマイズすることで、教師自身の成長にもつなげることができました。子どもたちに感謝です。

とはいえ、この方法が次の年もまた通用するとは限りません。この年に学んだことも大切にしながら、次の年の子に合うようにカスタマイズし、子どもの成長につながる授業を心がけていきたいです。

POINT

目の前の子に合わせて授業をカスタマイズすることで、子どもの成長にも教師の成長にもつながる。

第3章

日常生活

「～ねばならぬ」で指導をしたら失敗した

Change!

長所を捉えて教師の思いを伝えたら成功につながった

「～ねばならぬ」ことがたくさん

「あいさつせねばならぬ」「時間を守らねばならぬ」「宿題を出さねばならぬ」……

学校には「～ねばならぬ」ことがたくさんあります。「～ねばならぬ」はできるようにさせなければなりません。そして、

「～ねばならぬ」ことを定着させられる教師が力がある。

そんなことを思っていました。


「～ねばならぬ」を定着させるためにしたこと

私は「〜ねばならぬ」を定着させるために、できていない子を指摘することにしました。

あいさつをしていない子を見つけたら「あいさつをしなさい」。

時間を守らない子を見つけたら「今何時だと思っているんですか」。

宿題を出していない子を見つけたら「早く宿題を出しなさい」。


とにかくできていない子を見つけて指摘しました。

気づくと「指摘」を通してでしか子どもと関わっていない指摘魔になっていたのです。

子どもは私と関わることが少し嫌そうになっていました。

子どもとの関わり方

菊池省三先生のセミナーを受けた時のことです。菊池先生はこんなことをおっしゃっていました。

「みなさんは子どもと関わる時に、短所接近型ですか？　長所接近型ですか？」

短所接近型とは、子どもと関わる時に短所に着目して関わること。長所接近型とは、子どもの長所に着目して関わることだそうです。

短所に着目してでしか関われなくなっていた私は、長所に着目して関わる方法があるのだと気づくことができ、とても感動したことを今でも覚えています。

長所に着目して関わった

あいさつをしていない子に着目しないように心がけると、あいさつをいつもしている子に気づくことができます。その子とあいさつをした時に
「おはよう。素敵なあいさつで元気が出たよ。ありがとう」

と、声をかけられるようになりました。

時間を守っている子には、

「時間を大切にしてくれる○○さんは信用がどんどん溜まっていくね」

と声をかけ、宿題を出す子には、

「宿題をしっかりやっているから、しっかりと力がついているね」

と、声をかけられるようになりました。

不思議なもので、長所に着目して声をかけると、時間は少しかかりますが他の子も心がけてくれるようになります。そして、私自身がとても明るい気持ちになり、笑顔で過ごせる時間が増えたのです。長所接近型で関わることで、いいことがたくさんありました。

短所に着目しなければならないこともある

とはいえ、短所に着目して指摘しなければならないこともあります。指摘することをゴールにするのではなく、指摘して改善したことに対して「改善したね。うれしいよ」と声をかけることをゴールとして、長所接近で終わるように心がけています。成長する叱られ方と関連づけ、短所接近をした後に長所接近で終わらせるようにします。

POINT

長所に着目することで、子どもといい関係の中で成長につなげることができる。

2つも3つも指示を連ねて失敗した

Change!

わかりやすい指示を心がけたら子どもが動くことにつながった

動かないではなく、動けない

「問題をしっかりと読んで解き、自分の考えもノートに書いて、隣の人と話し合ってよいと思った意見をまとめて発表してください」

授業中に指示をした瞬間、子どもたちは話し合いを始めました。

「聞いていた？　最初は問題を1人で解くんだよ」と指示をし直すことが日常でたくさんありました。その度に（本当に動けない子たちだな）と思っていました。

一時一事の原則

ある時、向山洋一先生の『授業の腕をあげる法則』（明治図書）という本に出会います。その中に、**一時一事の原則**というものがありました。一時一事の原則とは、子どもには1回に2つも3つも伝えてはいけない。1つのことだけを伝えようというものです。私の指示を振り返ってみます。

「問題をしっかりと読んで解き、自分の考えもノートに書いて、隣の人と話し合ってよいと思った意見をまとめて発表してください」

①しっかりと読む　②問題を解く　③自分の考えもノートに書く　④隣の人と話し合う　⑤意見をまとめる　⑥発表する

という、一度に6つもの指示をしています。これでは子どもは動くことができません。指示で動けないのは、子どものせいではなく、私のせいだったのです。

1回に1つの指示を心がけることで、子どもは行動しやすくなっていきました。

指示を箇条書きする

一時一事の原則はとても効果的だったのですが、一度にたくさんの指示をしたいこともあります。1回1回指示をしていたのでは時間がかかりすぎてしまいます。そんなある時、(何かいい方法はないかな!?)と、一時一事の原則を意識して指示を黒板に書きました。すると、子どもたちは黒板を見ながらスムーズに活動することができるようになったのです。今では、下図のようなカードを使って指示をしています。

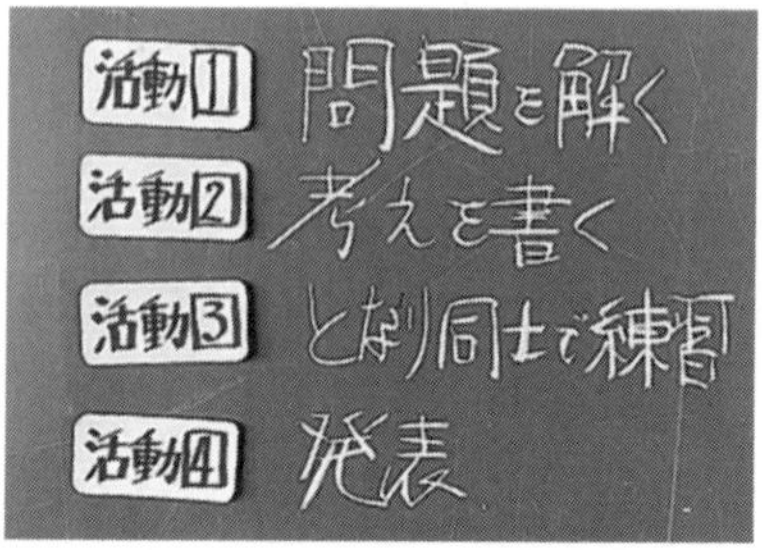

子どもは成長する

ある日、宿題を配ってほしいと思った時に

「あれをあれしといてくれる?」

というとんでもない指示を出してしまったことがあります。言葉が出なかったとはいえ酷すぎます。(まずい。伝わるはずがない)と思った瞬間、

「わかりました!」

と言って、宿題を配ってくれたのです。

その時に、（指示が少なくても伝わるようになるんだ）と気づくことができました。

子どもたちが動きやすい指示を心がけることは大切なことです。しかし、いつまでも一時一事の原則をしたり、指示を書いたりしなければ動けない子であってはいけません。子どもの成長を目的として、時には一度に多くの指示を出すことも必要だと感じます。多くの指示を出してわからなければ、「先生、もう一度聞いてもいいですか？」と質問したり、「先生はなんて指示したの？」と友達に聞いたりする力も必要だと考えます。

年度はじめはわかりやすい指示が鉄則です。しかし、子どもの成長に合わせ、子どもの成長を目的として、いい意味で不親切な指示をすることも心がけています。

POINT

わかりやすい指示を心がけることで子どもたちは動きやすくなり、わかりづらい指示でも動けるように成長させていく。

頭ごなしにきまりを守らせていたら失敗した

Change!

きまりの意味を伝えて感情に訴えたら守れるようになった

きまりだからきまりを守る

「廊下を走ってはいけない」「靴のかかとを揃えて下駄箱にしまう」「時間を守って行動する」など、学校にはたくさんのきまりがあります。私が若手の頃は、「きまりだから守りなさい！」と、学校のきまりを頭ごなしに守らせていました。最初のうちは注意をすると渋々守っていました。しかし学年の後半に進むにつれ、きまりを守らせようとすると反抗するようになってしまいました。

きまりの意味を教える

ある年、生徒指導のうまい先輩と6年生で一緒に学年を組むことになりました。その先生のクラスの子は、しっかりときまりを守って行動できるようになっています。私は（きっと、叱るのがうまいんだ）と思っていました。そんなある日、その学年の子たちがきまりを守れない雰囲気があったので、学年集会を開くことになりました。きまりについて、生徒指導のうまい先輩が指導することになりました。

「最近、廊下を走っている人が多すぎます。なんで廊下を走ってはいけないか考えたことがありますか？　廊下を走っていると、人とぶつかってしまいます。ぶつかると自分がケガするかもしれないし、相手にケガをさせてしまうかもしれません」

私は、先輩は叱ると思っていたのですが、きまりの意味を丁寧に説明し始めたことに驚きました。先輩の話は続きます。

「何よりみんなは6年生。みんなが走ってしまうと他の学年も真似して走ってしまう。みんながきまりを守ることが学校全体の安全を守ることにつながるんだ。それに、先生はみんなが走って低学年とぶつかって加害者になってほしくない！　きまりを守ることが、あなたたち自身を守ることにつながるんです！」

先輩が「きまりを守ることが、学校や自分自身を守ることにつながる」と強く訴えたことが、子どもの心に響いていることがわかりました。

その後、廊下で走らないようにするために子どもたちから意見を集め、学年集会が終わりました。

次の休み時間、子どもたちはしっかりときまりを守ることができました。

きまりの意味を伝え、「なぜそのきまりを守る必要があるのか」教師が心から思っていることを伝えることの大切さを実感することができました。

きまりの意味を考える

それでは、きまりの意味について考えていきます。なぜ靴のかかとを揃える必要があるのでしょうか。なぜ時間を守って行動する必要があるのでしょうか。

靴のかかとを揃えることで、共同生活での協調性や物を大切にするよさ、礼儀を学ばせることができます。ちょっと靴のかかとを揃えるだけで相手意識を大切にすることができ、落ち着いた集団生活につながります。

時間を守ることは、約束や見通しをもった行動につながり、他人への尊重を示すことにつながります。これによって信頼関係が築かれ、学級集団としてのまとまりが生まれます。

きまりの意味について考え、それを教師が心から納得して子どもに伝えることで、子どもはきまりの大切さを理解し、納得することができます。そして、その納得感がきまりを守ることにつながります。きまりは押しつけるものではなく、納得してもらうことできまりを守れる子に育つのだと、先輩から学ぶことができました。

POINT

きまりの意味を教師が理解し、子どもに伝えて納得感をもたせることで、きまりを守ることができる子に育つ。

宿題をやらなければならないものだと思っていたら失敗した

Change!

宿題を成長の場とすることで成功につながった

子どもも教師も意義を感じない宿題

C「先生！　宿題ってなんのためにやるんですか？」

T「学習の習慣をつけて自分で自分の力を高めるためだよ」

子どもから質問された時、そう答えていたものの、（本当にこの方法で力はついているのかな？）と、疑問に思っていました。子どもが宿題を提出して教師が丸つけをする。この方法で学力が向上する宿題になっているとは思えなかったからです。

学生時代の勉強方法

（そういえば自分が学生の頃、どのように勉強に取り組んでいたんだっけ？）

ふと疑問に思いました。そこで、自分の学生時代の勉強方法を振り返ることにしました。

（テスト前に問題を解いて、自分で丸つけはしていたよな。それで、間違えた理由を考えて、見ないでできるまで練習したよな…）

この考えから、答えを子どもに渡すことにしました。子どもたちは自分で丸つけをします。そして、テスト日とテスト範囲を公開して、宿題で取り組ませるようにしました。半分以上の子がこの方法で取り組めるようになりました。そしてテスト日。

「先生！　いつもよりできました！」

自分で答え合わせをして成績が上がる子がたくさんいたのです。

「けテぶれ」と出会い、完成！

2019年に『「けテぶれ」宿題革命！』（葛原祥太著・学陽書房）という本が発売されました。SNSで大きく話題になっていたこともあり、私も購入しました。けテぶれとは、

①（計画）目標に向けて学習計画を立て、②（テスト）自身の実力を自分で測り、③（分析）実力を上げるためにはどうすればいいかを考え、④（練習）学習を積み重ねる

というものです。（自分と考え方が似ている！）と、うれしくなりました。しかし、私にはこの方法をそのまま取り組んでもうまく機能させられませんでした。そこで、けテぶれからヒントをもらって自分の今までの方法と組み合わせることにしました。試行錯誤を積み重ね、やっと完成したのが学びの5ステップです。学びの5ステップとは次のものです。

①問題を解く
②丸つけをする（間違い探し）
③間違い直し（分析）
④もう一度間違えた問題
⑤もう一度全部の問題

テスト日とテスト範囲を公開し、学びの5ステップで宿題に取り組ませることで、学習の成果を

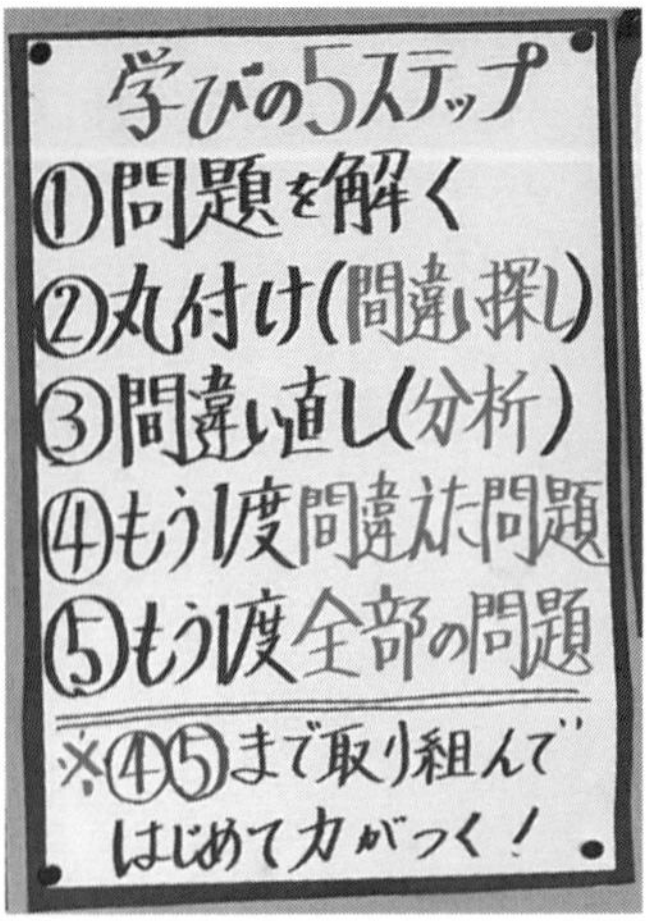

感じ、自分から進んで学習に取り組む子が増えました。若手の頃に言った「学習の習慣をつけて自分で自分の力を高める」という宿題の意義を感じさせることができるようになったのです。

とはいえ、全員ができるわけではない

この方法は毎年、9割近くの子に定着しています。しかし、何人か取り組めない子も必ずいます。その子には教師が寄り添ったり、宿題の範囲を変えたりし、その子に合った方法を一緒に考えるようにしています。もちろん、やってこない子にはやってくるようになるまで何度も何度も声をかけることもしています。それでもうまくいかないこともしばしば…子どもにとって「やってよかった！」と思える宿題になるように奮闘する毎日です。

POINT

子どもが自分で自分の成長を感じることのできる学習方法を身につけることで、学習の習慣が身につく。

自分で動けないのは子どもの能力のせいだと考えていたら失敗した

Change!

自分たちで動ける仕組みをつくったら成長につながった

動けないのは子どものせい!?

朝・帰りの会、係活動、給食当番、清掃など、子どもに与えられている活動があります。私が若手の頃、これらの活動を充実させることができませんでした。いつも「今日の日直は誰?」「掃除始めるのが遅いよ」「係、働いて!」と、声をかけなければ動くことができませんでした。私は(うちのクラスの子、動けない子ばっかり集まっているじゃん…)と、子どものせいにしていました。

ある日、学年主任が私のクラスの清掃当番表を見て、

「この当番表じゃ子どもは動けないでしょ?」

と言ってくださいました。私のクラスの当番表は、円盤をグループごとに振り分けて1週

間ごとに回していくというものでした。

「最初は1人1役になるように作るといいよ」

確かに掃除の時間は、グループごとに誰がどこの掃除をするかわからずもめていました。主任のアドバイス通り、ものすごく細かい円盤を作って1人1役になるように振り分けると、自分の掃除場所が明確になり、すぐに掃除に取り組める子が増えました。

他の掲示物を見直す

◈係活動の掲示物

係の掲示物を見直しました。私は、100円均一から小さな札を買ってきて名前を書き、係名の下に札をかけるようにしていました。これだと、係が変わった時にすぐに入れ替えをすることができると思ったからです。主任のクラスの係の掲示物を見てみると、模造紙に大きく名前が書かれているものでした。

「なんでこの掲示物にしているんですか？」

と主任に聞くと、

「字が小さいと見えづらいでしょ」

と教えてくださいました。私はすぐに係の掲示物を真似して作り直しました。すると、子どもたち同士で掲示物を使って呼びかけが始まり、動けるようになりました。

◆日直の進行

日直の進行は流れだけ書いた掲示物を見ながら進行させていました。しかし、日直はいつも止まっていました。止まる度に私が

「次は『健康観察、ハンカチちり紙を用意しましょう』でしょ」

と、進行のセリフを教えていました。(こんな簡単なことができないんだろう)と思っていましたが、(うまくいっていないなら方法を変えよう)と思い、思いきって台本を作ることにしました。すると、日直はスムーズに日直の進行をすることができるようになりました。

子ども同士の声かけ

このような工夫と合わせて、子ども同士の声かけも大切にしています。最初は教師が声かけをしたいタイミングで、「自分たちで声かけをしましょう」と呼びかけます。最初は教師がきっかけを与えなければなりませんが、積み重なると、だんだんと自分たちで声かけができるようになります。学級の動きを理解させ、自分たちで声かけをさせる仕組みをつくることで、自分たちで動ける学級に成長していきます。

教師の手が空く

自分たちだけで動けるようになると、教師の手が空きます。教師の手が空くと、子どもたちの様子を見取れるようになります。教師は子どもの様子を見取り、自分たちで動けるようになったことを喜ぶことで、さらに成長が加速していきます。

POINT

自分たちで動ける仕組みづくりをすることで子どもが成長する。さらに、教師の手が空き、子どもを成長させるための関わり方をすることができる。

給食当番に仕事をさせようとしていたら失敗した

Change!

全員参加で給食準備をしたらいい集団づくりにつながった

給食の配膳指導が辛い…

私が若手の頃の一番の悩みが「給食の配膳」でした。与えられた分担にすぐに取り組んでくれればいいのですが、そうもいきません。給食の時間になると子どもたちは遊び始めてしまい、誰も給食をつくろうとしません。

「給食当番動いて」「○○さん、給食当番でしょ！　やって！」「他の人は座って待って」と、学級全体にいつも声をかけていました。私が躍起になっているにもかかわらず、4時間目のチャイムが鳴ってから給食を食べるまでに25分もかかっていました。

土作先生のセミナー

ある時、土作先生のセミナーを受ける機会がありました。そのセミナーで土作先生は「給食の配膳で10分以上かかるクラスは学級崩壊予備軍です」とおっしゃいました。

（私のクラスは25分…まずい）と思いました。土作先生の学級の子は、給食当番だけが頑張っているわけではありません。学級全体が協力して給食をつくっているようでした。

この、学級全体で給食づくりをする雰囲気づくりをしたいと思いました。

給食作戦会議

そこで、4時間目の終わり10分ほどを使って給食作戦会議を行うことにしました。

「ねぇ知ってる？　一流の学級って給食の準備が10分でできるんだって。すごいよね。ちなみにみんなは何分かかっているか知ってる？　25分なんだよ。給食をつくる準備を10分にするために、どんな作戦があるかな？」

と聞くと、「給食当番がすぐに準備する」という意見が出ました。

作戦通り給食当番が素早く動きます。不思議なもので、私が声かけしていた時よりも動きがとてもいいです。そしてなんと、15分でつくることができました。決して素早くつくれたわけではありませんが、25分かかっていた準備が15分になったのです。しかし子どもたちは「10分切れなかった！」と悔しがっています。

「じゃあ、給食づくりのヒントね。作戦は給食当番だけが頑張ればいいのかな？」

と言うと、

「当番以外の作戦もあった方がいい！」

と子どもたちは気づきました。次の日、4時間目の終わりを5分くらい使って話し合い、次のような作戦を立てました。

◆給食当番
①手洗い・うがい　②給食着　③ワゴン乗せ　④つくる
◆当番以外
①手洗い・うがい　②ランチマット　③読書
（助っ人↓配膳台を出す・拭く）

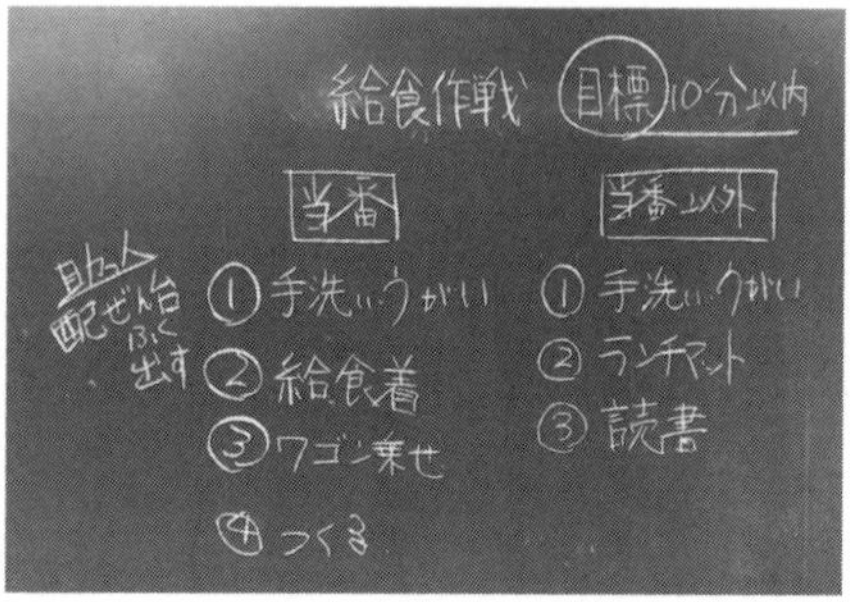

そして4時間目のチャイムと同時に素早く子どもは動きます。給食当番も当番以外も真剣です。子どもたち同士の声かけも自然と出てきました。そしてなんと、7分で給食をつくることができたのです。タイマーを止めた瞬間「やったー!」という歓声が教室中に響き渡りました。私が「どうしてうまくいったの?」と聞くと、

「みんなで作戦を立てて協力したから!」

という声が上がりました。

その時、(給食づくりも考え方を変えれば子どもたちの集団づくりにつながるんだな)と気づくことができました。

その後もうまくいかないことはあります。その度に、「どうしたらうまくいくかな?」と、子どもと作戦を立てて何度も何度も改善しています。

POINT

給食づくりも集団づくりの場として考えることで、子どもの成長につなげることができる。

教師が全部やろうとしていたら失敗した

Change!

子どもに任せられるようになったら学級がうまく回り始めた

学級のことは全部教師がやるものだと思っていた

教室の環境整理、宿題のチェック、子ども同士の人間関係づくりなど、学級のことは全て教師がやらなければならないものだと思っていました。ですので私はいつも仕事に追われていました。どんなに頑張っても仕事は終わりません。遅れていきます。すると、子どもとの約束を守れなくなることも増えてきます。だんだんと子どもから私への信用がなくなっていってしまっていることを実感しました。こんなに子どものために頑張っているのに信用がなくなるだなんて…と、本当に苦しい思いをしました。

子どもに任せて成長につなげる

ある年、仕事が全然回らないことを学年主任の先生に相談すると、

「なんでトモ先生が全部やろうとするの？　1人で全部のことをすることはできません。それにね、教師が頑張った分だけ、子どもの成長を奪うこともあるんだよ。子どもに仕事を任せて、成長したことを教師が喜ぶことも立派な仕事なんだよ」

と、教えてくださいました。

教師が頑張った分だけ、子どもの成長を奪うこともある…

この言葉が私にとって衝撃的でした。

そこで、子どもの成長する機会にするために仕事を色々と任せることにしました。

放課後に教室を掃き掃除していた仕事をやめ、帰りの会の中に子どもたちがゴミを拾う活動を取り入れました。

「1人5個拾おう！」

を合言葉に取り組むと、

「先生！　10個も拾っちゃった！」「私は20個！」と、たくさんゴミを拾ってくれました。

それを私が、

「うれしい！　拾った分だけ教室がきれいになったね。自分たちの力で教室がよくなっていくね」

と声をかけると、進んでゴミ拾いをしてくれる子が増えました。


宿題の提出場所の横に名簿と鉛筆を置き、宿題を提出したら丸をつける仕組みにしました。しかしすぐにはできません。そこで、

「学習係さん、宿題をチェックしていない子に教えてもらえる？」

と声をかけると、宿題の呼びかけをしてくれました。すると、自分たちで丸をつけられるだけでなく、宿題を提出する子が増えました。それに対して
「声かけありがとう。おかげで宿題の提出率が上がったよ」

と声をかけると、自分で宿題をしっかりと出し、自分たちで宿題の確認をすることができるようになりました。

教室にネガティブな言葉があふれている時は、

「ネガティブな言葉があふれて教室の雰囲気がよくないよね。どうしたらネガティブな言葉がなくなるか話し合おうよ」

と相談して話し合いの時間を取ると、

「人を傷つけるネガティブ言葉を絶対に言わないようにしよう！」

と、スローガンのようなものが決まりました。すると、本当にネガティブな言葉がほとんどなくなってしまったのです。そのことに対して
「子どもの力って本当にすごいね！　教室がすごくよくなったよ」

と声をかけると、友達関係をよくしようとする子が増えました。


この他にも、係や当番活動、ボランティアや学校行事など、子どもに仕事を任せる機会を増やし、成長につながるように心がけています。

POINT

子どもに任せることが子どもの成長につながる。その成長を教師が喜ぶことで、子どものさらなる成長につながる。

教師が授業時間を延長していたら失敗した

Change!

教師が時間を意識したら子どもも時間を守ることにつながった

授業の終わりはいつも延びていた

「あと3分延ばすね」

私が若手の頃、(少しくらい大丈夫でしょう)という理由で授業を少し延長する時が度々ありました。授業が少し延びたにもかかわらず、次の授業では「時間をしっかりと守りなさい！」と声をかけて、開始時刻ぴったりに始めていました。次第に子どもたちは授業に集中しなくなっていきました。それだけでなく、休み時間や掃除が終わっても教室になかなか帰ってこない時間を守らない子が増えていきました。

学年主任からのご指導

そんな様子を見かねた学年主任からこんなお話をしていただきました。

「トモ先生の学級は時間を守らない子が多いよね」

「そうなんです。それですごく困っているんです」

「それで、トモ先生は時間を守っているの？　例えば授業の終わる時間はどう？」

私はハッとしました。

「子どもに時間を守らせる前に教師が時間を守ろう。授業の終わりの時間がきたら、たとえ途中でも終わらせるようにしよう」

（終わらなくてもいいのかな…）という思いもありつつ、学年主任からのご指導なので、渋々と受け入れることにしました。

終わらなくても終わらせた

また授業が終わりません。しかし学年主任のご指導の通り、ぴったりと授業を終わらせ

ました。すると子どもに、

「終わってないけど、いいんですか？」と言われたので、

「いいよ。休み時間楽しんできてね！」と言いました。

すると、次の時間、子どもたちは時間を守って授業に参加してくれたのです。それだけでなく、授業にも集中しようという気持ちがありました。（教師が時間を守るだけでこんなに子どもの意識は変わるのか）そんなことを思いました。

また、途中で授業を終わらせることが続くと、私は（このままじゃいけない）と、時間通りに終わるように意識を高めて授業をするようになりました。すると、少しずつ授業もうまくなってきたのです。

教師が時間を意識することは、子どものためにも教師のためにもなっていたのです。

授業の開始時刻と終了時刻

私は今では、授業の開始時刻と終了時刻を必ず守るようにしています。

授業開始１分前には教室の前に立つようにしています。そして、「自分たちで始められ

るように呼びかけをしよう」と、子どもたちに呼びかけています。

すると、子ども同士で声をかけ合うようになったことで、時間ぴったりに始めることができるようになりました。

授業終了時刻が延びることはほとんどありません。終了時刻を常に意識して授業をすることで、時間通りに終わるように授業力が向上してきたように感じます。とはいえ、時々授業が長引いてしまうことがあります。その時は、「本当にごめん！」と謝罪をきちんと伝え、延長した分の休み時間を保障するようにしています。

教師が時間を守ることで、子どもも時間を守ってくれるようになります。子どもに時間を守る大切さを教えるためにも、教師が時間を守ることは大切だと考えます。さらに、時間を守れるようになっただけでなく、子どもから信頼されるようになったと感じます。

POINT

教師が時間を守ることで、子どもの時間を守る意識が育つ。

第4章

生徒指導

平和だからと油断していたら失敗した

Change!

平時からの生徒指導をしたら学級の成長につながった

年度はじめは生徒指導をしなかった

4月。子どもたちはやる気に満ちあふれています。やる気がある時は特に問題は起こしません。私は（いい子たちだなぁ）と思いながら、特に指導もせずに過ごしていました。

学年主任はそんな私を見て、

「うまくいっていると思っている時こそ学級は危険なのよ」

そんなことをおっしゃっていましたが、私は特に気にも留めませんでした。

6月になると学級が少し騒がしくなります。少し気にはなるものの、そのままにしていました。11月が近くなると、生徒指導案件も増え手に負えなくなってきます。そして2月。毎日のようにトラブルが起きます。（あと1か月）そんなことを思いながら過ごしました。

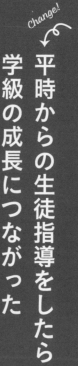

2つの生徒指導

ある研修会で**積極的生徒指導**と**消極的生徒指導**という言葉を学びました。

積極的生徒指導は、「問題行動等の未然防止に向けた予防的な指導や相談、児童生徒の成長を促す生徒指導のことをいい、開発的・予防的な生徒指導とも言われるもの」です。

消極的生徒指導は、「問題行動等が起こったとき、その対応や事後指導、相談といった生徒指導のことをいい、治療的・対症療法的な生徒指導とも言われるもの」です。

私は、生徒指導といえば問題が起こった時にする指導のことだと思っていました。それだけでなく、学級を成長させるための生徒指導もあるのだと知ることができました。

私が行っている積極的生徒指導

私が行っている積極的生徒指導は主に次の3つです。

①言葉を整える
②教師と子ども、子ども同士の人間関係づくりをする
③子どもたちが自分で動ける仕組みづくりをする

これらの具体的な方法は前述してあるので、そちらをご覧ください。

大切にしていることは、これらの実践を一つ一つ別の実践として考えるのではなく、積極的生徒指導として捉え、関連づけながら実践することです。

例えば、①言葉を整えるために「ふわふわ言葉・ちくちく言葉」を話し合い、掲示物を作ったとします。そこをゴールとしても学級経営で成果をあげることはできません。そこで、②教師と子ども、子ども同士の人間関係づくりをする場面で、整えた言葉を使うように意識づけさせていきます。また、③子どもたちが自分で動ける仕組みができたとしても、学級の人間関係がよくなければ積極的に動くことはできません。よい人間関係の中で、協力したり、呼びかけ合ったりすることで、より成果をあげられるようになります。

年度はじめから積極的生徒指導

年度はじめ、子どもたちはやる気に満ちあふれ、とてもいい子に見えることが多いです。しかし、よく見ると指導しなければならないことはたくさんあります。私が若手の頃、学年主任からご指導いただいたように、

「うまくいっていると思っている時こそ学級は危険」

ということを頭に入れ、積極的生徒指導を意図的に取り入れ、子どもたちを成長させていくことが大切です。とはいえ、とても忙しい時期でもあります。少し大変かもしれませんが、前向きな気持ちの年度はじめは、積極的生徒指導も入りやすいです。ここで身につけたことは、年間を通して学年全体の支えになってくれます。時間をつくって取り組む価値は十分にあります。

POINT

積極的生徒指導を意識することで、子どもたち自身の成長も学級の組織としての成長もさせることができる。

トラブルをいけないものだと思っていたら失敗した

Change!

トラブルは成長の機会と捉えたら成功につながった

トラブルを楽しむ先輩

ある年、力のある先輩と同学年を組んだ時のことです。

「トラブルが起きた！　指導のチャンス！」

と言っていました。（トラブルっていけないことじゃないの？）と思い、

「なんでそんなにうれしそうにしているんですか？」

と聞くと

「トラブルをもとに指導すると子どもたちが一気に成長するからじゃん」

と言っていました。宣言通り、その先輩はそのトラブルをもとにして、学級を成長させてしまいました。

トラブルの多い1年

　ある年、毎日のようにトラブルを起こす大変な学級を持つことになりました。ある日、校長先生から呼び出され、

「先生の学級の子たちが決められた日以外でサッカーをしていた。きまりを守らないことが多すぎる」

とご指導をいただきました。学校のきまりに関して、毎年の子たちと同じように指導をしていたので、大丈夫だと思っていたのですが、その年の学級の子たちにその指導は入っていかなかったようです。落ち込む気持ちもありましたが、あの先輩の言葉を思い出し、（このトラブルを成長のチャンスにしよう）と向き合うことにしました。

　今までのように学校のきまりを子どもたちに伝えただけでは効果がありません。そこで、Microsoft の Forms というアプリを使って学校のきまりを見直すことにしました。このアプリは、アンケートを簡単につくることができます。例えば、

・サッカーは決められた日（火曜と木曜）にしている。　はい　いいえ

・必要な持ち物以外は持ってきていない。　はい　いいえ

というようにつくっていきます。学校のきまりを意識させるのと一緒に、学級で心がけさせたいこともアンケートに組み込みました。

・ポジティブ言葉を積極的に使っている。　はい　いいえ
・時間通りに授業を始められるように席に着いている。　はい　いいえ
・学級目標を意識して行動している。　はい　いいえ

（子どもたちに強制しすぎているかな?）と思いましたが、子どもたちは、

「あ、このきまり忘れてた!」

「このきまり、守ってなかったなぁ」

と、楽しそうに取り組んでくれました。そして、結果を円グラフにして子どもに見せると、

「このきまり、全然守れてないじゃん!」

と、自分たちの弱点を認識することができました。また、アプリですので、同じアンケー

トに何度も簡単に取り組むことができます。

そこで、このアンケートを毎週金曜日に行うことにしました。金曜日にあがった課題を月曜日から意識することで、毎週行動改善につなげることができました。

いつもだったらきまりを守るように「叱る」という手立てしか取れませんでしたが、アプリを使うことで、楽しみながらきまりを確認できました。子どもたちはこのアンケートで確認したきまりを意識して生活することで、学校だけでなく学級でも落ち着いて生活することができるようになりました。

トラブルを成長のチャンスとして捉えることで、子どもだけでなく私の中で新しい実践を思いつくことができました。

POINT

トラブルを成長のチャンスとして捉えることで、子どもも教師も成長することができる。

叱ることが指導だと思っていたら失敗した

Change!

行動改善を喜ぶようになったら成功につながった

叱ることが指導だと思っていた

「先生のクラスの子が廊下を走っていたよ。指導しておいて」「掃除の時、遊んでいたよ。指導しておいて」「休み時間が終わっても帰ろうとしないよ。指導しておいて」

周りの先生から私のクラスのことを注意されました。私はすぐに学級全体を叱ったり、対象の子を呼び出して叱ったりして指導にあたりました。叱ってすぐは効果がありましたが、すぐに元通りになってしまいました。また、叱る度に私と子どもとの関係は悪くなり、学級経営がどんどん難しくなっていきました。

指導は行動改善

ある時、中村健一先生（山口県）のお話を伺う機会がありました。お話の中で、

「教師が叱った後はフォローすることが大切」

とおっしゃっていました。

叱れば子どもはよくなると思っていた私には新しい視点で、目から鱗でした。

叱った後の子どもの行動

（子どもをフォローしよう）と思っても、何をどうフォローしたらいいかわかりませんでした。そこで、叱った後の子どもの行動をとりあえず観察することにしました。

「静かにしなさい」

と叱った子は、その後はきちんと静かにしてくれていました。

「悪口を言わない」

と叱った子は、その後は悪口を言わないで生活をしてくれていました。

「人を叩かない」

と叱った子は、その後は叩かないように心がけてくれていたのです。フォローを意識することで、今まで見えなかった子どもの行動改善に目が行くようになりました。


私は子どものそんな行動改善をうれしく思い、

「静かに話を聞いてくれたね。うれしいよ」

「悪口、言わなくなったね。素敵だと思うよ」

「人を叩かないように心がけてくれているんだね。ありがとう」

と、喜びの気持ちを伝えました。すると、子どもたちはその後も改善したことを意識して行動してくれたのです。


叱っただけではすぐに行動は元に戻ってしまいました。しかし、叱った後の行動を喜ぶことで、子どもの行動が改善していくことに気づきました。

叱ったら行動改善を喜ぶまでをワンセットにする

私は今、叱らなければならない時に次のような手順を心がけています。

①子どもを叱る
②子どもの行動を観察する
③改善されていれば、喜びの気持ちを伝える
　改善されていなければ、残念な気持ちを伝える

私にとって叱った後のフォローとは、「子どもの行動改善を喜ぶ」ことです。叱ったら叱りっぱなしにするのではなく、その後の子どもの行動をよく見て、改善したことに気づき、喜びを伝えることで子どもの成長につなげることができます。

POINT

指導を「行動改善を喜ぶ」まで心がけることで、子どもの行動改善につながる。

ケンカに深入りせず両成敗をしていたら失敗した

Change!

事実確認を徹底したら解決につながった

ケンカが解決できない！

初任時代、毎日のようにケンカをしている子がいました。

「だって、〇〇が先に悪口言ったから」

「嘘つくなよ！　お前が先に言ったんだろ！　それに、叩いてきたじゃん」

「叩いたのはお前も一緒だろ！」

話をしても熱くなるばかりで、話は一向に進みません。仕方なく私は、

「両方が悪口言ったんだし、叩いたんだからお互いに謝りなさい！」

と、喧嘩両成敗をして終わらせていました。しかしその後ケンカがなくなることもなく、ケンカの指導は続きます。こんなに関わっているのに、挙げ句の果てには

「先生は全然話を聞いてくれない」

となってしまいました。

金大竜先生セミナー

ある年、大阪の金大竜先生のお話を聞く機会がありました。その中に学級のトラブルの対応の仕方の講座がありました。学級のトラブルの対応の仕方として
「怒りのオーラを消す」

というものがありました。その手立てを聞いた時、（手立てじゃないでしょ）と、少し笑ってしまいましたが、怒りのオーラがあっては子どもは話したいことを話せません。子どもが私に「話を聞いてくれない」と思っている理由がわかりました。その後、金先生の本を購入してトラブル対応について学ぶと、

「もめごとは可視化する」

という方法がありました。もめごとを黒板で可視化してみんなの意見を聞き、学級全体で解決に導くという方法です。

（可視化！　なるほど！　でも、対象の子だけで解決したいな）と思い、私はその実践を次のようにカスタマイズしました。例えば対象の子が2人いる時は、

①怒りのオーラを消す
②片方の子から事実を聞いて時系列で紙に書く
③もう片方の子からも事実を聞いて時系列で紙に書く
④辻褄が合わないところの事実確認をする
（何度話しても辻褄が合わない時は、人によって感じ方が違うからと、納得してもらう）
⑤どうすればトラブルが起きなかったか一緒に考える
⑥どうやって解決するか一緒に考える
（お互いが謝って終わるか、特に何もしなくてもいいか決める）
⑦1人ずつ呼び出して「納得した？」と確認する

効果抜群！

私にとって紙で事実確認をする方法は効果抜群でした。怒りのオーラを消して事実を聞くことで、子どもは言いたいことを全て言ってくれるようになりました。また、辻褄が合わなくても辻褄が合わない理由を丁寧に説明することで、理解してもらえるようになりました。トラブルが起きた原因と、どうやって解決するかを一緒に考えることで、お互いが納得した形で終わらせることができるようになりました。最後に、それぞれが本当に納得したか確認します。子どもの表情を見ながら確認することで、本当に納得したか見取ることができるようになりました。

【参考文献】金大竜著『新任3年目までに身につけたいクラスを動かす指導の技術！』学陽書房

POINT

怒りのオーラを消し、丁寧に事実確認をすることで解決につながる。

子どもに感情をぶつけていたら子どもが離れていった

Change!

優しく気持ちを伝えたら思いが伝わっていった

感情のままに子どもにぶつけていた

若い頃の私は、怒りの沸点が低く、何か不都合なことがあるとすぐに怒っていました。まさに瞬間湯沸かし器。顔を真っ赤にして怒っていました。悪いことは改善するために怒らなければならないと思っていたので、それでもいいと思っていました。

しかし、怒れば怒るほどに子どもは私から離れていったように感じます。

金大竜さんとニシトアキコさんから学ぶ

叱り方に関しては、前項で紹介したように学ぶことで、少しずつ改善されていきました。

しかし、私の感情はコントロールしきれずに時々暴走していたように感じます。

そんな時に、まずは金大竜さんの講座で怒りのコントロールの仕方について学びました。

その方法は、

①クリップを左ポケットに10個入れておく
②怒りの感情を抱いたら、クリップを1個右ポケットに移動する
③クリップが移動しないように気をつける

というものでした。次の日、早速試してみました。


朝、子どもが宿題を忘れてきました。

「また忘れたのか！」

いつも忘れてくるので怒りの感情を抱いて怒ってしまいました。後から冷静になって、クリップを1個移動しました。

「先生！　○くんに悪口を言われました！」

と報告があれば、

「なに〜!?　またか！」

と、怒りの感情のままに叱りました。後から冷静になって、クリップを1個動かしました。その後も何個もクリップを移動し、1日目はクリップが10個では足りず、20個近く移動していました。

クリップを毎日ポケットに入れます。2日目、3日目と続くと、クリップの移動する個数が減ります。1週間ほど経つと、イラッとした瞬間にクリップの入ったポケットを触ることで、（いけないいけない。落ち着いて）と、心を落ち着かせられるようになりました。そして今では、クリップがなくても感情をコントロールできるようになりました。感情をコントロールすると、冷静に子どもを注意できるようになりました。でも、なんだか心はモヤモヤしています。

それから数年後、私はニシトアキコさんのVoicyを聴くようになります。ニシトアキコさんは、元ラジオDJで現在は話し方のコンサルタントをされている方です。Voicyでは、

「母の日に何もしてもらえなくて寂しかった」

と、相談されている方がいらっしゃいました。その相談に対して、

「その寂しいという気持ち、素直に伝えてみてはいかがですか？」と、答えていました。

私は、（感情を表に出していいの？）そんなことを思いました。ニシトさんは、

「感情をぶつけることと、伝えることは全然違うことだと思いますよ」

「『なんで母の日なのに何もくれないのよ！』は感情をぶつけるで、『お母さん、寂しかったよ』は感情を伝えるですよ」

と、答えていました。私は（確かに気持ちを伝えることって大切なことだなぁ）と思いました。


それからというもの、私は感情をコントロールした上で、

「悲しかったよ」「怒っています」「うれしい！」

と伝えるようにしました。感情を伝えると、子どもたちに本当に伝えたいことが伝わるようになったと感じます。さらに、感情を伝えられるようになると私の心も本当に軽くなりました。

POINT

感情をコントロールして伝えることで、子どもに本当に伝えたいことが伝わるようになる。

保護者にトラブルを報告していたら失敗した

Change!

保護者に協力をお願いするようになったら成功につながった

保護者への連絡でかえって悪化

子どもが学校でトラブルを起こします。トラブルが起きた時は、保護者に連絡した方がいいと思い、「今日学校で○○くんが〜してしまったので電話しました」と、学校であったトラブルの報告を電話でしていました。

どの家庭も、「すみませんでした」と最後に謝罪をしてくれました。

私は（わかってくれた）と、思っていました。ある日、トラブルをよく起こす子の家庭に、いつものように電話をすると、「先生は何もわかっていませんよね」と、批判的な言葉をいただくことになってしまいました。

その日から保護者との関係は悪化してしまい、学級経営は難しくなってしまいました。

不満は溜まっていた

電話に悪意はもちろんありません。トラブルを伝えることが大切だと思って連絡していました。しかし、保護者は口にはしていませんでしたが、私に対する不満が溜まっていたようでした。私は理由を考えました。私のしていた電話は、

- ●事実を伝えるだけだった
- ●子どものフォローをしていなかった
- ●保護者の気持ちへの配慮がなかった

気づかないうちに保護者を責めるような電話になっていることに気がつきました。

電話の仕方を考えた

（どのように電話をしたらいいんだろう？）悩みに悩みました。いい方法も思いつかないので、家庭に電話をする目的から考えました。私の電話をする目的は、

家庭と学校が力を合わせて子どもの成長につなげる
ことだと気づきました。その目的に合わせて試行錯誤をした結果、今では次のように電話をかけています。
①「お時間はありますか？」と、都合の確認をする
②「～のことでお電話しました」と、見通しをもってもらう
③「～です。～しました。」と、一文を短くして事実を伝える
④「○○さんには、～という話をしました」と、指導内容の報告をする
⑤「家での様子を見ていただけるとうれしいです」と、お願いすることを具体的に伝える

学校からの電話は、保護者にとってはかなりのプレッシャーです。また、学校から家庭に電話がある時間は、家庭にとってとても忙しい時間です。力を借りるためにも保護者の気持ちに寄り添うことを大切にします。その上で、丁寧に事実を伝え、指導内容の報告をして理解してもらいます。

大切なのは、お願いすることを具体的に伝えることです。様子を見ていただくのか、家庭でもう一度話してほしいのか、色々あります。ここに具体性がなければ、家庭はどうしたらいいかわからず、不信感につながってしまいます。私の場合、⑤の電話のゴールから話す内容を考えます。ゴールから考えることで、②~④の内容は自然と思いつきます。

今では、電話で失敗することは少なくなりました。これは、方法だけでなく、家庭と学校が力を合わせて子どもの成長につなげるという目的をもつことで、電話での伝わり方が変わったからだと感じています。

POINT

家庭に連絡する目的をはっきりさせて電話をすることで、相手に伝わる電話をすることができるようになる。

いじめに教師だけで立ち向かおうとしたら失敗した

Change!

学級全体でいじめに立ち向かう意識をもったら成功につながった

いじめを絶対に許さない態度は必要！　だけど…

「いじめは絶対に許しません！」

教師なら誰でもいじめを許さない気持ちをもっていると思います。しかし、なくならないいじめ。いじめで不幸があった時の記者会見では、いじめを止められなかった学校関係者が謝罪をしているシーンを見る機会が度々あります。

私は、この学校関係者だけが謝罪をしているシーンに（謝るのは学校関係者だけでいいの？）と疑問をもっていました。もちろん、いじめを防げなかった学校側に責任はありません。しかし、いじめたのは学校ではありません。いじめた子です。学校だけに責任を求められる構造では、いじめは防ぎきれないと思っていました。

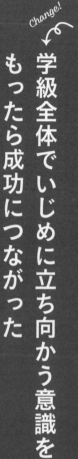

いじめに強い集団づくり

そんな疑問をもった中、私は上越教育大学の赤坂真二先生の講座を受けることになります。赤坂先生のいじめに関する講座の中で、

「いじめに強い教師とは、いじめを強い力で制圧する教師ではなく、**いじめに立ち向かうことができる集団を育てる教師**のことを言います」と、おっしゃっていました。

さらにいじめに対しては、いじめを起こさないための**「予防的指導」**と、いじめが起こった時にそれをなくすための**「治療的指導」**があると教えてくださいました。

いじめが起きた時に、教師が１人で立ち向かうものだと思い込んでいた私にとって、このお話は目から鱗が落ちるような内容でした。

いじめに強い集団づくりをするためにしていること

私は赤坂先生のこの教えを受け、「予防的指導」と「治療的指導」を次のように行い、いじめに立ち向かうことができる集団づくりを心がけています。

◆**予防的指導**

Aポジティブな言葉の指導

B温かい人間関係づくり

Cいじめを許さない雰囲気づくり

◆**治療的指導**

Dいじめの構造の粘り強い解析

E管理職や生徒指導主任との連携

F保護者への説明と協力依頼

私は、いじめの根幹には「ネガティブな言葉」があると思っています。教室にはあいさつ代わりに「ばか」「あほ」「死ね」という言葉があふれています。子どもたちは、悪気があって使っているわけではありません。ですので、Aポジティブな言葉の指導として、赤坂真二先生の「ふわふわ言葉・ちくちく言葉」の実践を行い、教室からネガティブな言葉をなくし、ポジティブな言葉をあふれさせるようにしています。

また、レクや学び合いを通して子どもたちを意図的に関わり合わせて温かい言葉を交わすようなB温かい人間関係づくりをします。そして、Cいじめを許さない雰囲気づくりをするために、「いじめを先生とみんなでなくしていこう」「言葉を大切にしていじめをなくそう」と、いじめに対する考え方を子どもたちに常に話しています。

それでもいじめはなくなりません。いじめを少しでも感じたら、D関係者に粘り強く聞き取り、いじめの構造を解析します。「いけません!」と言うだけでなく、いじめの構造を関係者で把握して紐解くことがいじめの解決につながるからです。また、担任1人で立ち向かうことはしません。すぐにE管理職や生徒指導主任と連携を取り、いじめに立ち向かうためのアドバイスをいただきます。担任1人では判断を誤ってしまうからです。そして、F保護者への説明で学校側に対しての理解をしていただき、協力をお願いします。

POINT

担任1人だけで立ち向かうのではなく、いじめに強い集団づくりを心がけ、子どもと大人で力を合わせていじめに立ち向かう。

第5章

学校行事

教師が全て考えて子どもにやらせていたら失敗した

Change!

活動を任せるようになったら成長につながった

運動会での敗北

ある年、運動会の応援担当を任されることになりました。応援担当は2回目です。運動会では応援合戦でよりよい演技を披露した組に「応援賞」が贈られます。応援賞は指導者の力量が表れると信じていたので、本気で応援賞を目指しました。

子どもの意見も一応聞きながら、私が応援も構成も考え、振り付けを細部まで指導しました。自分で言うのもなんですが、見事な応援に仕上がったと思います。（絶対に応援賞をもらった！）そう思っていたのですが、結果は最下位。とても悔しい思いをしました。

私に原因があった…

（完璧だったのに何がいけなかったんだろう？）考えに考えました。考えていくうちに、（そういえば、応援ってなんのためにするんだろう？）と疑問が湧き、応援の意味を辞書で調べてみると、「（競技・試合などで）歌を歌ったり声をかけたりして味方のチーム・選手を元気づけること」（『大辞林　第三版』三省堂　2006）と記されていました。

確かに、負けそうな時、あきらめそうな時、うまくいかなかった時、負けてしまった時、応援してもらうと元気が湧いてきます。一方、当時の私が目指していた応援は、応援賞を取りたい私が全て教師自身で考えた応援を子どもたちにやらせていただけだったのです。そのような応援で人を元気づけることなんてできるはずがありません。子どもたちには本当に申し訳ないことをしました。

また応援担当になる

それから数年後、また応援担当を任されることになりました。私はこんなやりとりを応援団としました。

Ｔ「応援ってなんのためにすると思う？」

Ｃ「勝つため！」

Ｔ「なるほど、勝つためか。例えばリレーでバトンを落とした子がいたとするでしょ？　はっきり言って勝つことはできないほど差がついている。みんなは応援をやめる？」

Ｃ「やめない」

Ｔ「なんで？」

Ｃ「その人を励ますため」

Ｔ「そう！　応援って、人を励ましたり元気づけたりするためにあるんだよ。自分たちが勝って気持ちよくなるためでなく、人に元気を与える応援にしていこう！」

人に元気を与えるという目的意識をもたせて子どもに応援を考えてもらいました。すると、素晴らしい応援を考えてきました。練習もいつもより力が入っています。私は、たまにアドバイスはするものの、基本的に後ろの方からその様子を見て「いいね！」「すごい！」「先生も元気をもらえている」

と、ポジティブな感情を伝え続けました。

そして本番、子どもたちは全力で素晴らしい応援をすることができました。結果は応援賞。みんなうれしそうです。終わった後にこんなスピーチをしました。

「私がみんなに元気を与えるために応援をしていたのに、私がみんなから元気をもらっていました。本当にありがとうございました」

応援賞を取ったこともちろん素晴らしいことですが、応援団の活動を通してそれ以上の学びにつなげることができたのです。

この他の活動でも、教師が立派なものをつくり上げるのではなく、目的をしっかりとおさえて子どもに任せ、子どもを成長させることを目指して取り組むようにすることで、以前よりうまくいくことが増えました。

POINT

活動の目的をおさえ、子どもに任せることで成長につながる。

行事を乗りきることだけを考えていたら失敗した

Change!

身につけさせたい力を意識したら成長につながった

特に目的もない行事への取り組み

今思えば私は、特に目的意識ももたずに学校行事に取り組んでいた気がします。目的意識もなかったので、運動会では「勝つために頑張ろう」と声をかけていましたし、学習発表会では「いい思い出をつくろう」と声をかけていましたし、校外学習では「失礼のないようにしよう」と声をかけていましたし、卒業式では「動かないで式に臨みましょう」と声をかけていました。そのような意識で学校行事に臨んでいたので、学校行事が終わると子どもたちはだらけてしまっていました。

学校行事で身につけてほしい力

特に目的意識もなく運動会では「勝つために頑張ろう」と声をかけていた若手時代、子どもたちは

「お前のせいで負けた」「イェーイ、勝った！　お前の色、弱いな」「リレーで転んだらもう勝てないじゃん」というような態度で臨んでいました。

確かに勝つために頑張っていたのですが、勝ち負けにこだわりすぎて、かえって行事で悪い方向に進んでしまっていました。そこで、（運動会全体ではどんな力が身につくだろう？）と考えました。

私は、

・仲間との協力

・お互いをたたえ合う態度

・人を応援する力

が身につくと考えました。この身につけてほしい力をもとに、

「協力するために友達とどんな声をかけ合う？」「勝った色は負けた色に、負けた色は勝

った色にどんな声をかけたらいいだろう?」「もしリレーで転んでしまった人がいたらどうするの?」

と、子どもたちに考えを促しました。すると、

「一緒に頑張ろう!」「勝ち負け以上の価値を手に入れよう」「最後までやりきれるように応援しよう」

と、行事を通して素晴らしい成長をしてくれました。

勝ち負けがあるからこそ、相手を思いやる態度を育てることができるのが運動会のもつ行事の特性なのだと気づきました。

他の行事では

同じように他の行事でも行事の特性を考えながら指導をしています。

学習発表会では、学級全体で一つの発表に臨む特性から、学級全体が一丸となって学びの成果を発揮できるように意識して指導に臨んでいます。

校外学習では、親と教師以外の大人と会える機会を生かして、どんな願いをもって仕事

に取り組んでいるか学び、日常に生かせるように意識して指導に臨んでいます。

卒業式では、相手をお祝いする・相手からお祝いしていただくという特性から、心から感謝を伝えられるように意識して指導をしています。

このように、行事の特性を生かして身につけさせたい力を明確にして指導にあたることで、教師の声かけは大きく変わりました。態度面の指導も、ただ形を整えるだけでなく、「なぜそのような態度で臨まなければならないのか」と声をかけ、子どもと一緒に考えることで、子どもの行事に対する姿勢が大きく変わりました。

行事によって身につく力は、私が考えたことだけが正しいとは限りません。教師の数だけあっていいと思います。ですので、身につく力を自分の中で明確にして指導にあたることが大切だと考えます。

POINT

行事の特性を生かして身につけさせたい力を意識して指導に臨むことで、子どもたちは行事を通して成長できるようになる。

教師だけが考えていても子どもたちは主体的にならなかった

Change!

目的を子どもと共有したら子どもの動きが変わった

学校行事の目的を子どもと共有する

前項で紹介したように、教師自身が学校行事の目的を意識することで、子どもたちの動きは変わります。しかし、教師が意識しただけでは子どもの大きな成長にはつながりません。行事を通して子どもたちが成長するためには、子どもと教師で目的と具体的な行動を共有することが大切です。

目的を共有する力

ある年、学年集会を頻繁に行う同僚の先生と一緒に6年生を担当することになりました。

行事の最初と最後に必ず学年集会を行うのです。年度はじめの私は学年集会が開かれる度に、（また子どもたちを集めるの？）と、思っていました。しかし、学年集会ごとに子どもたちは大きく成長していったのです。では、学年集会ではどんなことが行われていたのでしょうか？　それが、

目的の共有

です。例えば運動会。最初に同僚の先生は、

「みんなはどんな運動会にしたいの？」

と、投げかけます。子どもたちは、

・思い出に残る運動会にしたい　・優勝したい　・応援賞を取りたい

と、意見を言います。一通り子どもの意見を聞いた後、

「運動会はなんのためにするのか？」

同僚の先生が熱く子どもたちに語り始めました。同僚の先生は、最高学年としてどのような態度で臨むのか、語っていました。私も話す機会をいただいたので、

・勝ち負け以上の価値を手に入れてほしい

・仲間と力を合わせて行事に取り組んでほしい

・傷つきそうな仲間と励まし合い、勇気を与え合ってほしい
と、語りました。大人が真剣に行事の目的を語ると、子どもたちの目は変わってきます。

大人たちが話し終えた後、

「そんな行事にするために、みんなは具体的にどんなことをする？」

と聞くと、
・最高学年として運動会を成功させることを意識して行動する
・運動会を勝ち負けで争うのではなく、成長する機会にする
・仲間や相手に励ましの声をかける
など、具体的にどうするか話し合いました。そして最後に、

「みんなで成功するために力を合わせていきましょう」

と声をかけた後の「ハイッ」という返事に、子どもたちの前向きな気持ちが乗っていることが伝わってきました。

話し合ったことに着目して声をかける

「最高学年の動きだね！」「勝ち負け以上の成長をしよう」「励まし合う声かけが素晴らしい」

と、話し合ったことをもとに声かけをすることで、子どもたちの動きはみるみるよくなります。後ろ向きな子には個別に、そっと、話し合ったことをもとに声かけをすると、考えを改めてくれるようになりました。私は、行事の目的と具体的な行動を共有する大切さをその年に学びました。

その年は、行事がある度に学年集会を開き、目的と具体的な行動を共有することで子どもたちは大きく成長しました。その年以降、私は学年集会だけでなく、学級でも目的と具体的な行動を共有することを大切にしています。そうすることで、子どもたちは行事を通して成長してくれるようになりました。

POINT

子どもと教師で行事の目的と具体的な行動を共有することで、行事を通して大きく成長することにつながる。

行事が終わってそのままにしていたらただ過ぎ去ってしまった

Change!

成長を振り返ることで日常に生かされるようになった

行事は大成功したのに…

学校行事に子どもたちは一生懸命に取り組みました。そのおかげで行事は大成功！　他の先生方や保護者からも「素晴らしかった！」と声をかけていただきました。しかし、土日が明けていつもの教室に戻ると、「あの時の成長はなんだったんだ…」と思うくらい、だらけた生活になってしまいました。

学校行事と日常生活を関連づける

学校行事を学校行事だけで考えていると、どんなに素晴らしい行事になったとしても、日常生活の充実につなげることはできません。学校行事を日常生活と関連づけさせることが大切です。私が学校行事と日常生活を関連づけさせるために大切にしていることが、「振り返り」です。学校行事での成長の成果を個人や学級で振り返ることで、日常生活に生きる学校行事にすることができます。学校行事が終わった後、次のように振り返りを書かせています。今回は、運動会を例にして、私がしている振り返りの仕方をご紹介します。

◆振り返りのタイトルを与える

「運動会を通して成長したこと」

◆振り返りの型を与える

・「私が運動会で成長したことは3つあります。」
・「1つ目は〜です。」（自分の考え）
・「2つ目は〜です。3つ目は〜です。」（1つ目と同じように書く）
・「これからは〜。」（成長したこととこれからのことを関連づけてまとめを書く）

すると、次のような振り返りになります。

私が運動会で成長したことは3つあります。

1つ目は、応援をすることです。私は今まで、運動会は勝つことが大切だと思っていました。しかし、毎年勝ち負けにこだわりすぎてしまい、ケンカになることがありました。でも今年は、勝っても負けても、一生懸命に頑張っている人を勇気づけるために応援をしました。みんなで応援し合って取り組んだ運動会はとても楽しかったです。

2つ目は〜です。〜〜〜。

3つ目は〜です。〜〜〜。

運動会で学んだことをこれからの生活に役に立てられるように意識していきたいです。

◆**成長したことを学級で話し合う**

・一人一発言で自分が成長したことを発表する（黒板に発表したことを書く）
・学級として成長したことベスト3を決める（黒板に書かれた個人の成長の中から、学級として成長したことを多数決で決める）

・決まったベスト3を掲示物にまとめる
・成長したことが日常生活にどのように生かせそうか話し合う

◆**日常から声かけをする**

振り返りを書かせ、学級で話し合えばうまくいくわけではありません。学校行事が終わった後も次のような声かけをしています。

「運動会の成長の成果を日常で生かそう」と声をかけて掲示物に書かれた成長したことを意識させ、「協力できているね」「応援の声かけが増えたね」など、ポジティブに声かけをしていきます。

こうして、行事での成長を日常生活に生かせるように心がけています。

POINT

行事での成長の成果を振り返り、日常で生かせるようにすることで学校行事が子どもの成長の機会となる。

第6章

気持ちのもち方

方法を変えなかったら失敗した

Change!

常に新しく学び工夫・改善したら成功につながった

方法を変えないこと

「若手の頃に教えてもらった方法」「前にこの方法でうまくいった」「みんながいいと言っている方法だから大丈夫」と、経験を積み重ねれば積み重ねるほどに自分なりの方法というものが見つかってきます。その方法は、教員人生の中で大きな助けになってくれます。また、以前もやった方法なので、前よりも短い時間で成果につながることもあります。

しかし気をつけなければならないのは、「目の前の子どもに合っているかどうか」です。目の前の子に合っていればいいのですが、そうでなければその方法を変えていく必要があります。

今まで学んだ授業の仕方が通用しなかった

私は算数を専門に学んでいます。算数を専門に学び始め、10年ほど経った頃のことです。地域の若手教員に授業を見てもらったり、実践の提案をしたりして、ある程度成果を出せると思うようになってきました。

そんなある年、勉強の苦手な学級の担任になりました。

私はいつもと同じように授業を展開します。

「自分の考えを書いてみましょう」

ほとんどの子が自分の考えを書くことができません。

「わかったことを話し合いましょう」

ほとんどの子が何を話していいかわからず、遊び始めてしまいます。

いつもの年のように、思考するためのヒントを黒板に散りばめたり、問題の把握をするために具体物や半具体物を使ったりしているのですが、授業が充実しません。

（どうしたらいいんだろう？）

色々な方法を試してみたのですが、今まで積み重ねてきた経験も、教育書を読んで学んだ方法どの方法も子どもたちにヒットしませんでした。

そんなある日、学校業務に追われ、教材研究の時間がほとんど取れなかったので教科書に書き込む授業をしました。私の勤める地域では、算数の授業は教科書を使わないことが一般的です。教科書には子どもに思考させたい箇所が記載されていて、子どもの考える機会がなくなってしまうという理由からです。

（ごめん！　時間がなかった…）

と、申し訳ない気持ちで授業をしていると、

「今日の授業わかりやすい！」

と、いつもの授業よりも子どもたちの顔が晴れ晴れとしていたのです。

次の授業も、教科書に書き込む授業をしました。やっぱりいつもの授業よりも理解をし

てくれます。

教科書に書き込む授業は今までに何度かしたことがあります。しかしいつもの年は、私の地域で言われているように、教科書を使うと子どもの考える機会を奪ってしまい、授業が活発になりませんでした。

しかし、その年の子たちには教科書に書き込む授業が合っていたのです。

今まで積み重ねてきた経験や教育書を読んで学んだ方法は、とても素晴らしいものだと思います。しかし、目の前の子どもに合わなければ、それはただの自己満足になってしまいます。この経験によって、目の前の子の実態に合わせて工夫・改善をする大切さを学ぶことができました。

POINT

目の前の子に合わせて実践をすることで、子どもの成長にも教師自身の成長にもつながる。

うまくいかないことを悩み続けたら気持ちが沈んでいった

Change!

うまくいかないことを受け入れたら教師の成長につながった

どうしてもうまくいかないことがある

若手の頃はもちろん、何年経ってもうまくいかないことはあります。授業も学級経営もうまくいかなければどうしても気持ちが沈んでしまうものです。私は人一倍悩んでしまうタイプです。ですので、うまくいかない時は本当に苦しいものです。

しかし、うまくいかないことはいけないことなのでしょうか?

うまくいかないことを必要以上に嘆き、悩みの種にしてしまうと自分を苦しめるだけになってしまいます。ですが、うまくいかないことを受け入れることで、工夫・改善をして成長するためのきっかけとすることができます。

今までの方法が通じなかった1年間

教員になってから10年以上が経ち、仕事に少しずつ慣れてきました。大変だと言われている学級でも、これまでの経験や学びをもとに子どもたちの成長につなげられるようになってきました。そんなある年、大変だと言われている138〜141ページに書いた学級を担任することになりました。その頃になると、毎回大変だと言われている学級を持つことが多いので、特に不安に思うことはありませんでした。しかし、言われていた通り、やっぱり大変な子たちです。なんとか学級を落ち着かせようと日々努めていました。

その子たちの担任になって11月になった時のことです。ある時私は、校長先生から呼び出され

「学校のきまりが守られていない。きちんと指導をしてほしい」

と、強めのご指導をいただくことがありました。

学校のきまりに関しては例年通り子どもたちと共有をしていたのですが、守れていなかったようです。ですので、もう一度学級全体できまりを確認しました。（これで大丈夫！）

と思ったのですが、また校長先生に呼び出されました。今回はかなりお怒りの様子で、

「子どもたちにきちんと指導しなさい。あなたの指導は伝わっていない！」

と、強くお叱りを受けてしまいました。詳しく話を聞くと、校長先生がきまりを守れていないことを注意すると、

「知りませーん」

と、かなり失礼な態度を取ってしまったとのことでした。失礼な態度はもちろん、きまりについても指導をしました。すると、

「きまりのことを本当に知らない」

と子どもたちは言うのです。私は以前、そのきまりを確実に子どもに指導していました。しかし、子どもたちは本当に知らないのです。確かに学校生活の中で、話が伝わらないことがとても多く、伝わるように工夫をしてきました。ですが、学校のきまりは例年通り口頭で確認をしただけでした。口頭だけでは伝わらない学級の実態だったのです。

新たな方法を考える

そこで私は、口頭だけでは伝わらない実態を受け入れ、Microsoft の Forms というアプリを使い、年度はじめに生徒指導主任から出される学校の約束をもとに「学校のきまりアンケート」をつくり、意識できているか確認することにしました。すると、子どもたちは

「あ！　このきまり守れていなかった」

「えー！　こんなきまりあったんだ」

と、楽しそうにきまりを確認していました。その後、子どもたちはきまりを守るよう、意識して行動するようになりました。

このFormsを使ったきまりの確認は、次の年も効果絶大でした。うまくいかないことはただ悩むだけでなく、受け入れることで、新たな方法が見つかるチャンスになると気づくことができました。

POINT

うまくいかないことを受け入れて、工夫・改善をすることで、新たな方法が見つかったり、実践が磨かれたりする。

一人で悩んでいたらどうしようもなくなってしまった

Change!

人に頼ることで改善に向かうことができた

気づいたら自分だけでなんとかしようとしていた

学級経営の手法を学び始め、少しずつ成果をあげられるようになってきた6年目の頃のことです。私は、学校で一番困難だと言われている、新年度に6年生になる学級を持たせていただくことになりました。その学年は、3学級あります。他の2クラスは、私から見て本当に力のある方が担任することになりました。まだまだ力不足の私でしたが、2クラスに置いていかれないよう、学んだ色々な実践を試していこうと思っていました。

成果があがらない…

初日、始業式が終わって学級に帰ると、6、7人の子たちが床に寝転がり始めました。（6年生なのに？）

この時、私は不安になったことを今でも覚えています。

そして、毎日のように起こるトラブル。今まで学んできた子どもとの接し方を工夫してトラブル解決を心がけたり、自治的活動を取り入れて学級をよくしたりしようとするのですが、なかなか成果があがりません。（自分でなんとかしなければいけない！）そう思って色々な実践をするのですが、これまでの学級のように、なかなか成果はあがりません。

そして10月。私がどうしたらいいかわからず、途方に暮れていると、

「朝の会と帰りの会を学年3人で交代してやってみない？」

と、学年主任に提案していただきました。私は、（そんなことをお願いしてもいいのだろうか？）と思いましたが、続けてこんな言葉をかけてくださいました。

「悪いだなんて思わなくていいよ。私たち6年生は、3人で1つなんだから。みんなの力で学年をよくしていこう。それに、髙橋さんが学んでいることを私の学級にも広げてほしいんだ。だから、私たちのためでもあるんだよ」

私は、学年主任の言葉を信じてお任せすることにしました。すると、私以外の２人が学級に入った時に、

「髙橋先生はこんなことを頑張っているんだよ」

「髙橋先生に迷惑をかけてはいけないよ」

と、私のいいところを伝えてくれたり、私の代わりにいけないことの指導をしてくれたりしました。すると、子どもたちは少しずつ落ち着いてきたのです。

さらに、職員室に帰ると

「髙橋さんは、私のクラスに話の聞き方の指導をしてくれたんだね。前よりもよく話を聞いてくれるようになったよ。ありがとう」

と言ってくださいました。私が今まで学んだ方法を他の学級でも実践することで、少しかもしれませんが、よい影響を与えられたのだと思い、元気をいただくことができました。

私たちに恩返ししなくていい

学級がなんとか持ち直した時、私は、

「ありがとうございました。このご恩は絶対にお返しいたします！」

と、同学年のお2人に伝えました。すると、こんな言葉が返ってきました。

「学級が落ち着いてよかったね。私たちも髙橋さんのおかげでよい影響があったからいいんだよ。それにね、私たちも若い頃、先輩にたくさん助けてもらったんだ。だからね、恩返しをするなら、今度は髙橋さんが若い子を助けてあげてね」

私は本当に感動し、（多くの方々の役に立ちたい！）そう思うようになりました。

まだまだお2人にしていただいた恩を返しきれていませんが、このお2人のように、今よりも、もっと人を助けられる人になりたいと思っています。

POINT

困ったら人に頼ればいい。そして、いつか困った人がいたのなら、助けてあげられる存在になればいい。

できないことばかりに目を向けていたら失敗した

Change!

できるようになったことに目を向けたら子どもの成長につながった

できないことばかり気になってしまう

今でも気になってはしまいますが、若手の頃は今以上に子どものできないことばかり気になっていました。ですので、「姿勢を正しなさい」「自分からあいさつしなさい」「ノートをしっかり取りなさい」と、細かいところをネチネチと言っていたように感じます。子どもたちは、言われてすぐに行動改善をするのですが、すぐに元通り。私は気になることをネチネチと言い続けていました。その結果、子どもたちが私から離れていってしまったように感じます。

ネガティブ本能

人は誰でも、「ネガティブ本能」というものがあり、物事のポジティブな面より、ネガティブな面に注目しやすいという性質があるそうです。私が子どものできないことばかりに着目してしまうのは、仕方がないことだったのです。

では、子どものできないことばかりに着目してしまうことを**「仕方のないこと」**で片付けてしまってよいのでしょうか。よいはずがありません。

私たちには、本能だけではなく、理性というものがあります。理性を働かせて本能に打ち勝ち、子どものよいところに着目していく必要があります。

ネガティブに着目してしまう本能を、理性で抑えてポジティブに着目することができることを知っているだけで、子どものポジティブな面に着目できるようになります。

できるようにしてほめる

では、子どものポジティブな面に着目して、ただほめていればよいのでしょうか？　それだけではいけません。
私は、私の地域の大ベテランの先生から、次のような言葉を教えていただきました。

「できることをほめるのではなく、できるようにしてほめる」

子どもにとってもともとできることをほめたとしても、そこに成長はありません。しかし、こちらが指導をして成長したことをほめることで、子どもの成長につながるということです。この言葉が、私にとってほめることの大きなヒントとなりました。
私たち教師の大切な仕事の一つに「子どもを成長させること」があります。ですので私は、子どもたちを成長させるために、次のようなことを心がけてほめるようにしています。

・できるようにしてほめること
・理想の姿に進んでいることをほめること
・子どもが頑張っていることをほめること
・うまくいかなくても、前向きにやろうとしている気持ちをほめること

例えば、ネガティブな面に着目し、

「姿勢を正しましょう」

と指導をしたのなら、

「姿勢を正したら、話の内容がわかるようになるでしょう。聞いてくれてありがとう」

と、ポジティブな声かけをして終わらせるようにしています。

他にも、例えば、子どもが友達に優しくしていたら、

「その優しさが○さんの素敵なところだね」

例えば、テストで100点を取った子がいたのなら、

「いつも努力しているからだよね」

と、子どものポジティブな面に着目し、成長につながるようにしてほめています。

POINT

子どものポジティブな面に着目し、ほめることで、子どもたちの成長につながる。

おわりに

「俺が若い頃はさ〜」


私が若手の頃、ある飲み会の時に、校長先生が言った言葉です。

今まで、この言葉によい思い出がなかった私です。ハラハラしながら話を聞いていると…


「失敗ばっかりしていたんだよ。初任の頃なんてこんな失敗してさ」


自分の失敗談を笑いながら語っていたのです。

「本当にかっこ悪いよな」

とビール片手に笑いながら語っているその校長先生を私は本当にかっこいいと思いました。

きっと、その失敗を乗り越えて成長し、自分に自身がついたからこそ、

笑い話にすることができたのだと思います。

私は失敗をすると、どうしても落ち込んでしまいます。

失敗は隠して、かっこいいと思ってもらいたいと思ってしまいます。

失敗のない人生を歩みたいと思ってしまいます。

今まで、人よりも多く失敗をしてきた私です。これからもきっと失敗を重ねていくでしょう。しかし、その校長先生のように失敗を乗り越えて、自分の失敗を後輩に笑って語れるようなかっこいい人になりたいと思っています。

まだまだ失敗に臆病な私ですが、この本が読者のみなさんの未来を少しでも明るく照らす1冊になれたらうれしいです。

みなさんの明るい未来を心から願っています。

著者　髙橋　朋彦

参考文献

- 山田洋一著『気づいたら「うまくいっている！」目からウロコの学級経営』黎明書房
- 葛原祥太著『「けテぶれ」宿題革命！』学陽書房
- 岩崎夏海著『もし高校野球の女子マネージャーがドラッカーの『マネジメント』を読んだら』新潮社
- P・F・ドラッカー著、上田惇生編訳『マネジメント【エッセンシャル版】』ダイヤモンド社
- 向山洋一著『授業の腕をあげる法則』明治図書
- 土居正博著『子どもの聞く力、行動する力を育てる！　指示の技術』学陽書房
- 奈良県教育委員会「小・中学校生徒指導ガイドライン」
- 金大竜著『新任3年目までに身につけたいクラスを動かす指導の技術！』学陽書房
- 赤坂真二著『最高の学級づくり　パーフェクトガイド』明治図書
- ハンス・ロスリングほか著、上杉周作ほか訳『FACTFULNESS 10の思い込みを乗り越え、データを基に世界を正しく見る習慣』日経BP

【著者紹介】

高橋　朋彦（たかはし　ともひこ）

1983年千葉県生まれ。現在，千葉県公立小学校勤務。文科省指定の小中一貫フォーラムで研究主任を務める。市教育委員会が主催する初任者研修や若手研修で，算数や数学の授業公開をし，講師を務める。教育サークル「スイッチオン」，バラスーシ研究会，日本学級経営学会などに所属。算数と学級経営を中心に学ぶ。

著書に『授業の腕をあげるちょこっとスキル』（明治図書）ほか「ちょこっと」シリーズに加え，『明日からできる速効マンガ　４年生の学級づくり』（日本標準）などがある。

Voicy.jp/channel/2172

学級経営を「失敗してしまった先生」と
「成功につながった先生」の
ちょっとだけ違う思考法
学級崩壊しそうだった教師が行ったらささいだけど
ジワジワ効いてきたこと

2023年10月初版第１刷刊　©著　者　髙　橋　朋　彦
2024年３月初版第２刷刊　発行者　藤　原　光　政
発行所　明治図書出版株式会社
http://www.meijitosho.co.jp
（企画）佐藤智恵（校正）武藤亜子
〒114-0023　東京都北区滝野川7-46-1
振替00160-5-151318　電話03(5907)6703
ご注文窓口　電話03(5907)6668

＊検印省略　組版所　株　式　会　社　カ　シ　ヨ

Printed in Japan　ISBN978-4-18-258328-5